LE
DUCHÉ DE MAYENNE

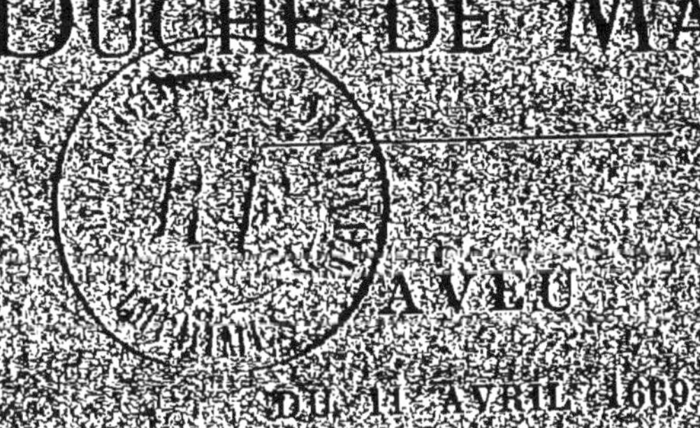

AVEC
DU 11 AVRIL 1669

PUBLIÉ PAR

A. GROSSE-DUPÉRON

Vice-Président de la Commission historique et archéologique de la Mayenne
Membre titulaire de la Société historique et archéologique du Maine

MAYENNE

IMPRIMERIE POIRIER FRÈRES

MDCCCCV

LE

DUCHÉ DE MAYENNE

LE CARDINAL DE MAZARIN

LE
DUCHÉ DE MAYENNE

AVEU
DU 11 AVRIL 1669

PUBLIÉ PAR

A. GROSSE-DUPERON

Vice-Président de la Commission historique et archéologique de la Mayenne
Membre titulaire de la Société historique et archéologique du Maine

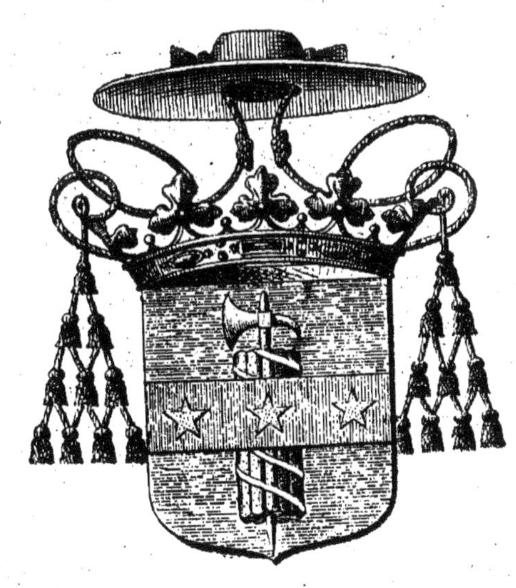

MAYENNE
IMPRIMERIE POIRIER FRÈRES
M.D.CCCC.IV

La copie de l'aveu que nous publions nous a été gracieusement communiquée par M. Laurain, archiviste de la Mayenne. Nous le remercions vivement de son obligeance.

La note A, donnée en Appendice sur les hommages féodaux rendus aux seigneurs de Mayenne, a été rédigée presqu'en entier grâce aux recherches faites par M. le marquis de Beauchesne à la Bibliothèque Nationale et dont il a bien voulu nous faire profiter. Il nous a offert également les deux dessins de Mayenne encartés aux pages 16 et 32. Nous ne saurions trop lui témoigner notre reconnaissance de ces gracieusetés qui, du reste, lui sont coutumières.

Dans le dessin figurant la ville de Mayenne à la fin du XVIIe siècle, il existe une erreur manifeste : l'église de Notre-Dame y est portée comme étant dédiée à Saint-Laurent.

M. l'abbé Angot nous a, de son côté, communiqué quelques notes sur « la Taille aux chevaliers », que nous avons insérées aux pages 121 et 125. Nous lui en exprimons notre gratitude. Son excellent dictionnaire historique de la Mayenne, fournit de nombreux et utiles renseignements sur les fiefs relevant du duché de Mayenne et leurs anciens possesseurs.

Nous devons au talent de M. Bis, commis des Ponts et Chaussées, à Mayenne, les armoiries du Cardinal de Mazarin, duc de Mayenne, placées au titre ; nous lui réitérons nos remerciements.

AVEU

DU

DUCHÉ DE MAYENNE [1]

(1669)

—

De vous, très haut, très puissant, très excellent et magnanime prince mon souverain seigneur, Louis, par la grâce de Dieu, roi de France et de Navarre.

Je, Armand-Charles, duc de Mazarin, de Mayenne, de la Meilleraye, pair de France, lieutenant général pour vostre Majesté en la Haute et Basse-Bretagne, et son gouverneur de la Haute et Basse-Alsace et en particulier des villes, citadelles et châteaux de Brisacq, Philisbourg, Port-Louis, Hennebont, Quimperlay, Saint-Maixent, Chaulny, La Fère et Vincennes, comte de Ferrette, Chaulnes, Thann, Belfort, Marle et la Fère, baron d'Altkirch, grand bailli d'Haguenau, grand maître et capitaine général de votre artillerie, héritier institué légataire universel de deffunct très illustre et éminentissisme Julles, cardinal Mazarini, duc de Mayenne, Nivernois et Donziois,

Confesse et avoue tenir et relever de votre couronne, en plein fief, à une simple foy et hommage, mon duché et pairie de Mayenne-la-Juhée, scitué en vostre province du Maine, lequel estoit antérieurement en titre de baronnie, et pour la déclaration et desnombrement d'icelluy et des dignitéz auxquelles il a été depuis érigé par les rois vos prédécesseurs, il plaira à votre majesté d'entendre :

(1) Voir à l'Appendice, note A, la liste de quelques hommages reçus par les seigneurs de Mayenne, en 1387-1388, 1450, 1458, 1518, 1519 et 1570.

Qu'au mois de septembre mil cinq cents quarante-quatre, le roi François premier, d'auguste mémoire, pour les grandes vertus et recommandables services que feu Claude de Lorraine, duc de Guise, pair, grand chambellan de France, gouverneur et lieutenant général en Bourgogne, avoit rendus à sa Majesté et générallement à tout le royaume, par ses lettres de chartre érigea la baronnie et ses deppendances, pour le dit seigneur duc de Guise, ses successeurs et ayans cause, tant masles que femelles à toujours, au tiltre d'honneur prééminence, prérogatives et authorité de marquisat, pour estre tenue de sa Majesté à l'advenir et de la Couronne de France à une simple foy et hommage, pour ressortir en cas d'appel directement, sans aucun moyen, par privilége très spécial et exprès, en vostre Cour de Parlement de Paris. Lesquelles lettres de chartre furent publiées en Parlement les 7 septembre 1554 et 8 mai 1555 ;

Qu'au mois de septembre 1573, le roi Charles IX, aussi d'auguste mémoire, vostre prédécesseur, en reconnaissance des services que François de Lorraine, aussi duc de Guise, fils dudict Claude, lui avoit rendus et au roi, son père et prédécesseur, ayant réduit plusieurs sujectz rebelles à son obéissance et esté proditoirement ocxis pour le service de Dieu et de la Couronne, érigea, par ses lettres de chartre, pour les considérations cy-dessus et en faveur d'Anne sa veufve, cousine de sa Majesté, fille de Renée de France, duchesse de Ferrare, et des enfans d'elle et dudit duc de Guise, et particulièrement de Charles de Lorraine, son second filz, ledit marquisat, pour luy, ses successeurs et ayans cause, tant masles que femelles, en tiltre d'honneur, prééminences, prérogatives et authoritéz de pairie et duché, pour estre tenu de sa Couronne, à une seulle et simple foy et hommage, sous le mesme droict de ressort, de juridiction, porté par l'érection en marquisat, qui est vostre Cour de Parlement de Paris, avec permission mesme de le diviser entre ses successeurs, nonobstant les édictz à ce contraires, ausquelz il fut en ce cas dérogé ; lesquelles lettres de chartre furent leues, publiées et enregistrées au Parlement de Paris le 24 septembre 1573.

Desquelz droictz, honneurs, prééminences, priviléges et prérogatives, les seigneurs ducs de Mayenne ont tousjours depuis jouy, en ayant esté troubléz, pour le ressort à vostre parlement, par les officiers de vostre Séneschaussée et Siége présidial du Mans.

Le Roy Henry quatre, de triomphante mémoire, ayeul de vostre Majesté, octroya ses lettres patentes à feu Charles de Lorraine, duc dudit Mayenne, par lesquelles les mesmes priviléges de duché pairie et ressort des appellations en vostre Cour de Parlement furent confirméz [1].

Que pour l'indemnité des greffes de vostre Séneschaussée du Maine dont ladite terre relevoit auparavant lesdites érections, il fut, par les commissaires à ce députés, réglé la somme de 400 livres de rente, laquelle a esté depuis amortie entre les mains des propriétaires, adjudicataires ou engagistes, par ledict deffunct Eminentissime cardinal Mazarin, mon prédécesseur, par actes en forme de l'année 1657 ;

Lors desquelles érections, le corps de mondit duché et pairie estoit composé des baronnies de Mayenne, Sablé, La Ferté-Bernard, châtellenies d'Ernée, de Pontmain et des autres baronnies et châtellenies, de mes vassaux, fiefz, arrière-fiefz ; depuis quel temps, lesdites baronnies de Sablé et de La Ferté-Bernard ont esté aliénées par mes prédécesseurs, à la charge d'y pouvoir, par mon juge de Mayenne, tenir les assises quatre fois l'an, ausquellez les

____

[1] Voir à l'Appendice, note B, quelques renseignements sur le Présidial du Mans.

officiers et sujectz des dites baronnies sont obligéz de comparoir ;

Et qu'aussy d'autres terres, justices et fiefz ont été acquis, ainsy qu'il sera cy-après déclaré par le desnombrement de l'estat et composition présente dudict duché pairie auquel elles ont esté réunies ;

Lequel dénombrement ensuit :

I

Biens du domaine du duché

Premièrement. — Ma justice, antiennement composée d'un juge civil, d'un juge criminel, d'un lieutenant général civil et criminel et enquesteur, de mon advocat et procureur général, et qui a esté augmentée de quatre conseillers assesseurs par lettres patentes de vostre Majesté, accordées au dict feu Eminentissime cardinal Mazarin pour l'érection de ma Barre ducale, les appellations de laquelle ma justice relève nuement et directement de vostre Cour de Parlement de Paris.

Item. — Le ressort et appellations des justices des seigneurs barons, chastelains, hauts, moyens et bas justiciers, mes vassaux cy-après déclaréz, avec le droict de prévention sur iceux, tant au civil qu'au criminel, telle que vous, mon souverain Seigneur, l'avez comme comte du Maine sur vos sujectz par la coustume de ladite province, avec droictz d'amendes, confiscations, suivant la coutume de mondict duché, le cas échéant, espaves, droicts d'aubénage et bastardise, rachats, déports de minorité, ventes et issues, droicts de police et règlement tant pour l'exercice de ma justice que pour le trafficq et débit des denrées [1].

---

(1) Voir à l'Appendice, note C, la liste des paroisses soumises, en entier ou en partie, à la juridiction de la Barre ducale de Mayenne, soit en première, soit en seconde instance.

Item. — Mes greffes civils et criminels de mon domaine et générallement tous droicts dont je suis en droict et possession dans toute l'étendue de mon duché, comme à establir et avoir notaires et sergents pour l'exercice de ma justice et prévention tant dans ma ville, fauxbourg et parroisses de l'ordinaire que parroisses du ressort de mes vassaux, avec droict de sceaux en tous contrats et actes judiciaires qui y sont sujectz.

Item. — Ma ville et fauxbourgs, grand et petit chasteau de Mayenne, lequel grand chasteau a esté en partie ruisné par les guerres contre les Anglois et civilles ; le petit chasteau consistant en un corps de logis et un donjon clos d'un costé par ma rivière et d'autres par douves ou fosséz, flanquéz de deux tours avec les deux cours clauses desdits grand et petit chasteau, leurs fossez et pont-levis ; — dans laquelle madite ville, j'ay droict d'élection du maire et eschevins, procureur et receveur des deniers, commis sur le nombre de ceux qui me sont nomméz par mes habitants dûment assembléz, suivant les lettres patentes accordées par vostre Majesté à feu son Eminence pour l'érection de la mairie en madite ville ; les maisons de laquelle relèvent de moy nuement et directement, fors quelques-unes qui relèvent de l'abbaye de Savigné [1] et chappitre du Mans.

Item. — Ma rivière de Mayenne avec tous les droicts de pesche et autres deppendants de madicte rivière, mes moulins sur madite rivière, sçavoir mes quatre moulins au dessous du pont, mes moulins de Brives [2] et Saint-Baudelle ; laquelle rivière et moulins ci-dessus déclaréz avaient été antérieurement donnéz par mes prédecesseurs, seigneurs de Mayenne, aux abbé et religieux de Fontaine-Daniel [3] et ont été retiréz par contrats d'eschange,

[1] Savigny, diocèse d'Avranches.
[2] Brives, paroisse de Notre-Dame de Mayenne.
[3] Fontaine-Daniel, abbaye située paroisse de Saint-Georges-Buttavent.

faits entre feu son Eminence et lesdicts abbé et religieux, et réunis au domaine de mon duché avec tous les moustaux et sujectz des parroisses de Nostre-Dame de Mayenne et Saint-Martin, qui avoient été compris au même don.

Item. — Mes moulins de Buschau [1] et de la Tricottière [2] scitués sur la petite rivière d'Aron, acquis par feu son Eminence, scavoir, celui de la Tricottière par M. Louis Berrier et celuy de Buschau au décret des biens de René Bignon, avec tous les droicts y apparte-, nants à mes dits moulins pour y contraindre mes sujectz, au cas de la coustume du Mayne, et pouvoir bastir d'autres, mesme des moulins à draps, si bon me semble.

Item. — Mes halles, foires, marchéz, droicts de prévosté, coustumes, billettes, tant en ma dite ville de Mayenne qu'autres lieux deppendans de mon dit duché, mesure à bled, grains et liqueurs, aulnes et poids à mon essief ou estallon; lesquelles halles avoyent esté aussy données aus dicts abbé et relligieux de Fontaine-Daniel et ont esté retiréz d'eux par les mesmes contractz d'eschange.

Item. — Le droict d'avoir et mettre four ou fours à ban tant en ma ville, fauxbourgs qu'autres lieux, si bon me semble, et d'y contraindre mes vassaux.

Item. — Le droict de fondation èz églises parrossialles de Nostre-Dame de Mayenne et Saint-Martin, des chappelles de Saint-Jacques [3], Saint-Anthoine [4], Saint-Léonard [5] scituéz en la parroisse de Notre-Dame de Mayenne, et de la Magdelaine scituée au fauxbourg Saint-Martin, et de toutes les églises et parroisses de

(1) Buchaud, paroisse d'Aron.

(2) La Tricottière, paroisse de Saint-Martin de Mayenne.

(3) Chapelle de la léproserie Saint-Jacques, située paroisse de Notre-Dame de Mayenne, route d'Oisseau.

(4) Chapelle du cimetière Saint-Antoine, paroisse de Notre-Dame de Mayenne.

(5) Chapelle située à Saint-Léonard, paroisse de Notre-Dame de Mayenne.

mon dit duché, tant par droict de première fondation que par suzeraineté, sans préjudice aux droicts particuliers de mes vassaulx, en tant qu'ilz en ont par leurs tiltres et adveux.

Item. — Le droict de présentation du bénéfice et aumosnerie de l'Hostel-Dieu [1] de ma dite ville.

Item. — Ma forrest de Mayenne, contenant cinq mil sept cens treize arpents de bois ou environ, tant en bois taillis que haute fustaye, dans laquelle plusieurs de mes vassaulx avoient droict de prendre du bois pour leurs chauffages et autres nécessités ; lesquelz droicts feu son Eminence et moy avons acquis par divers traictéz et réunis à ma dicte forrest et domaine ; dans laquelle forrest sont mes estangs de Pouriette [2], Lartoire [3], Savigné, prés, landes et pasturages de Savigné et autres pasturages, avec tous droicts de justice pour ma dite forrest exercée par mes officiers : scavoir, par mon maistre particulier, lieutenant, quatre conseillers ségrayers et forestiers ou gardes bois.

Item. — Mes grosses forges et fourneaux de Chailland et Andouillé, fanderies de Claie (?) et d'Aubert, scituéez èz parroisses de Chailland et d'Andouillé.

Item. — Ma ville et emplacement du chasteau d'Ernée, ledict chasteau ayant esté ruisné par les guerres des Anglois et civilles.

Item. — Ma justice ordinaire et chastellenie d'Ernée, exercée par mes baillif, lieutenant, advocat et procureur fiscaux, dont les appellations relèvent et ressortissent devant les officiers de ma Barre ducale de Mayenne.

Item. — Mon greffe civil et criminel dudict Ernée.

Item. — Ma justice ordinaire, baillage du Pontmain, exercée au bourg de la Tannière par mes baillif,

---

(1) Hôtel-Dieu, dit du Saint-Esprit.
(2) Pouriotte, paroisse de Saint-Georges-Buttavent.
(3) L'Artoir.

lieutenant, advocat et procureur fiscaux, dont les appellations ressortissent aussy devant mes officiers de Mayenne.

Item. — Ma terre, fief et seigneurie de Charné-Bazeille, scituée en la parroisse de Charné [1], consistant en fiefs, domaines et métairies d'Escorcé et Mébertin, moulins d'Ernée et de Monthoudou, et la prée de Charné ; lesquels fiefz seront cy-après déclaréz, avec droict de fondation de l'église parroissiale dudit Charné. Laquelle terre de Charné-Bazeille et ses deppendances, feu son Eminence avoit acquis de la veufve et héritiers du deffunct sieur de la Hautonnière : auparavant laquelle acquisition, la dicte terre relevoit, à foy et hommage lige, de mon dit duché et y est présentement réunie.

Item. — Ma terre, fief et seigneurie de Montgiroul [2], scituée en la parroisse de St-Germain-d'Anxure, consistant en la maison seigneurialle, chapelle, fiefs, hommes, vassaux, sujéctz et debvoirs, haute, moïenne et basse justice, domaine, les mestairies de l'Escottay, Boisgigan [3], pasturages, rivière, moulin des Communes et moulin Morand [4] et générallement la dicte terre ainsy que feu son Eminence l'avoit acquise de Me Bertrand de Mégaudays, conseiller en votre Cour des Aydes à Paris, et la dame, sa femme, avec déclaration que, nonobstant la dite acquisition, la dite terre ne seroit point réunie audict duché, mais en relèverait en plein fief comme auparavant.

Item. — Ma terre, fief et seigneurie d'Aubert, parroisse de Chailland, consistant en la maison seigneurialle, fiefz, et domaines et métairies d'Aubert [5], la Ruelle, du

(1) Actuellement paroisse d'Ernée.
(2) Montgiroux, paroisses de Saint-Germain-d'Anxure et d'Alexain.
(3) Le Boisgigant, paroisse de Saint-Germain-d'Anxurre.
(4) Ibidem.
(5) Aubert, paroisse de Chailland.

Breil [1], la clauserie du Bourg, de Bossuet, la Cochonnerie [2], le moulin d'Aubert avec la fanderie du mesme nom et vieille fanderie, avec droict de justice appartenant à la dicte terre ; laquelle feu son Eminence auroit acquis de feu Mre Ambroise de Fontenailles, et déclaré n'entendre que la dite terre fust réunie, par le moyen de la dicte acquisition, audict duché, fors en l'esgard des emplacemens sur lesquels ont esté bastis fourneaux et grosses forges à fer de Chailland et leurs deppendances dont il a esté parlé cy-davant, en sorte que la dicte terre, au surplus, relève de mon dict duché comme auparavant, à foy et hommage lige.

Item. — Ma terre, fief, seigneurie de la Danvollière, parroisse de Levaré, consistant en la maison seigneurialle, domainne et mestairie du mesme nom, mestairie de l'Aunay, mestairies de la Bellangerie, de l'Angellerie et de la Blanchetière, fiefz et debvoirs qui seront cy-après déclarez ; laquelle terre a esté acquise par feu son Eminence de Jacques de Biars, escuyer. Auparavant laquelle acquisition, elle relevoit de mondict duché à foy et hommage lige et y est présentement réunie.

Item. — Ma terre, fiefz, seigneurie de l'Angrumière [3], consistant en la maison seigneurialle, domaine et mestairie du mesme nom, lieu et mestairie des Fontaines [4] et de la Gaignardière [5], moulin de l'Angrumière, préz, landes, pasturages, fiefz, hommes et debvoirs cy-après déclaréz ; la dicte terre aussy acquise par feu son Eminence de delfunct Macé Legoué. Auparavant laquelle acquisition, elle relevoit, à foy et hommage lige, de mondit duché et y est à présent réunie.

---

(1) Le Breil, paroisse de Chailland.
(2) Ibidem
(3) L'Angrumière, paroisse de Saint-Georges-Buttavent.
(4) Ibidem.
(5) Ididem.

Item. — Mon fief d'Orthes, scitué en ma dicte ville de Mayenne, consistant en la mouvance, en nuesse, de quelques maisons, jardins et héritages de ladicte ville, faubourg et parroisses de Mayenne ; le dict fief acquis par feu son Eminence de M⁣ᵉ René Pilard, substitut de vostre procureur général au siége présidial de Châteaugontier, lequel fief, par ce moyen, est réuny à mondict duché dont il relevoit auparavant.

Item. — Mon domaine de la Grande-Haltière, situé en la parroisse de Saint-Georges-Buttavant, et la maison de Dessus-les-Buttes, près ma dicte ville de Mayenne ; le tout acquis par feu son Eminence ou son procureur, en décret des biens de deffunct René Bignon. Auparavant lequel décret, ladite métairie et maison relevoient entièrement de mondict duché au domaine auquel elles sont présentement réunies.

II

Biens hommagés

§ I. — *S'ensuit le desnombrement et déclaration des noms, qualitéz, terres et seigneuries des barons, chastelains, haults, moyens et bas justiciers, mes vassaulx, relevants, à foy et hommage lige ou simple, de mondict duché, avec la spécification des rentes, cens, debvoirs et obéissances qu'ils me sont tenuz faire.*

Premièrement. — M⁣ʳᵉ Henry duc de la Trimouille, de Touars et de Loudun, prince de Tarante et de Talmont, pair de France, comte de Laval et autres terres, seigneur de la terre et chastellenie de Saint-Oüen et Juvigné [1] relève et tient, à foy et hommage lige, de mondict duché, la dite terre et chastellenie de Saint-Oüen et Juvigné avec ses deppendances, tant en chasteaux, domainnes, fiefz et debvoirs sur ses vassaulx, sujectz, qu'en la justice ordinaire de chastelain qu'il fait exercer par ses officiers audict Saint-Oüen : pour raison de quoy, il me doibt et est tenu payer à ma recepte chacuns ans, aux termes d'Angevinne, la somme de trente livres dix huit sols de taille ou debvoir féodal, et outre, me doibt plège, gage et obéissance, tel que homme de foy lige doibt à son seigneur, et les tailles jugées, le cas advenant, suivant les adveus et déclarations que luy et ses prédécesseurs en ont rendu audict duché [2].

Item. — Mre René Pottier, duc de Tresmes, pair de France, chevalier de vos ordres, est mon homme de foy lige, à cause de sa terre et chastellenie de Gesvres, consistans en domainnes, moulins, estangs, bois, fiefz, vassaulx, sujectz et debvoirs ; à raison de quoy, il me doit plège, gage et obéissance telle qu'à son seigneur, et autres droicts suivants les coustumes [3].

Item. — Le dict sieur duc de Tresmes est mon homme de foy lige à cause de sa terre et chastellenie de la Posté [4], consistant en domainnes, fiefs, vassaulx, sujectz et debvoirs avec la justice de baron et chastellain, tant pour sa dite terre de la Posté que pour sa terre de Gesvres, laquelle il fait exercer par ses officiers en son bourg de la Posté : pour quoy, il me doibt aussy plège, gage, subjection et autres debvoirs à moy appartenants par les dites coustumes.

Item. — Le dict sieur duc de Tresmes relève de moy, à

<hr>

(1) Saint-Ouën-des-Toits et Juvigné-des-Landes.

(2) Le duc de la Trémouille rendit aveu au cardinal de Mazarin le 24 février 1660.

(3) Nous donnons à l'Appendice, note D, une liste des localités régies par la Coutume du Maine.

(4) La Poôté.

foy et hommage lige, sa terre, seigneurie et chastellenie de Préz-en-Pail, consistant en son chasteau et maison seigneurialle dudict lieu, dommaines, estangs, moulins, prairies, fiefz et vassaulx, sujectz et debvoirs, avec sa justice ordinaire exercée par ses officiers en son bourg de Préz : pour raison de quoy, il me doibt neuf livres dix-huit sols de taille ou debvoir féodal.

Item. — Le dict sieur de Tresmes est mon homme de foy lige à cause de sa terre et chastellenie de Couptrain, consistant en dommaines, moulins, fiefz et debvoirs, avec sa justice ordinaire de chastelain qu'il faict exercer par ses officiers en sa ville de Couptrain, et généralement tout ce qui dépend de la dicte terre, fors quelque modicque portion qui relève de la seigneurie de Monhavoust [1] et la moitié de l'estang de Marcour [2], qui relève prochainement de la terre de Lignières ; lesquelles seigneuries de Monhavoust et Lignières relèvent aussy de mondict duché : pour laquelle terre et chastellenie de Couptrain, m'est deub plège, gage, sujection et obéissance ; et mes vassaulx frommentiers ne doivent aucun droict de coustume de toutes les marchandises qu'ils vendent èz foires et marchéz de Couptrain et estendue de lad. seigneurie.

Item. — Le dict seigneur duc de Tresmes est encore mon homme de foy lige à cause de sa terre de Saint-Léonard-des-Bois, forrest de Charmasson avec leurs circonstances et deppendances, dommaines, moulins, fiefz, vassaulx, sujectz : pour raison de quoy, il me doibt plège, gage et obéissance et autres debvoirs à moy deubz par lesdites coustumes.

Item. — Dame Marie de Cossé de Brissac, veuve de feu Mre Charles de la Porte, vivant duc de la Meilleraye, chevallier de vos ordres, pair, mareschal et grand maistre de l'artillerie de France, tient et relève de moy, à foy et

Mont-Havoust, paroisse de Saint-Cyr-en-Pail.
(2) Marcour, paroisse de Lignières-la-Doucelle.

hommage lige, partye de sa terre, ville et baronnie de Sillé-le-Guillaume, consistant en sa ville, dommaines, forrest, fiefz, seigneuries et debvoirs, avec sa justice telle qu'à seigneur baron appartient, ainsy qu'il est spéciffié par les adveuz et desnombrements qui en ont esté rendus aux pledz de mondict duché ; pour raison de quoy, elle me doibt plège, gage, debvoirs et obéissance, telle comme homme ou femme de foy lige la doibt et est tenue faire à son seigneur [1].

Item. — Mre Henry Le Vanneur (Le Veneur), chevallier de vos ordres, comte de Tillières, Carouge et des terres et chastellenies de Lignières, Resné [2], Saint-Calais, est mon homme de foy lige à cause desdictes terres de Lignières, Resné, Saint-Calais, consistant tant en fiefz qu'en dommaines, place d'ancien chasteau avec touttes les circonstances et deppendances en dommaines, terres, moulins, avec sa justice telle qu'à seigneur chastelain apartient, avec tous les droicts dont il est en possession : pour quoy, il a déclaré par ses adveuz me debvoir ladite foy et hommage lige et les droicts, cens, rentes, charges et debvoirs qui lui en sont deubz.

Item. — Mre Henry-François, marquis de Vassé, est mon homme de foy lige à cause de sa terre et chastellenie d'Orthes [3], consistant en sa justice ordinaire, exercée par ses officiers en son bourg de Saint-Pierre-de-la-Cour [4], et partye de ses fiefz et dommaines, le surplus relevant de mondit duché par arrière-fiefz, par le moyen de la baronnie de Sillé dont il a esté parlé cy-dessus : pour raison de quoy, il me doit un bézier ou poirier sauvage en entrant à la foy, c'est-à-dire à mutation de seigneurie de vassal, plège, gage et obéissance telle qu'à

(1) Charles de la Porte avait rendu aveu au cardinal de Mazarin, duc de Mayenne, le 13 avril 1660.

(2) Resné, paroisse de Lignières-la-Doucelle.

(3) Orthe, paroisse de Saint-Martin-de-Connée.

(4) Aujourd'hui Saint-Pierre-sur-Orthe.

seigneur apartient, et autres debvoirs suivant lesdites
cousaumes.

Item. — Le dit de Vassé est mon homme de foy lige, à
cause de sa terre d'Avaugour [1], consistant en sa maison
seigneurialle, emplacement de chasteau, dommaines,
moulins, fiefz, hommes et debvoirs, avec justice pour s'en
faire obéir : pour raison de quoy, il me doibt, par chacuns
ans, cent escuelles de bois, le tiers d'une charge de pain
et de vin pour les faucheurs de ma lande de Savigné [2]
et de telle part et portion du debvoir et service que je
suis obligé faire à votre Majesté, en tant et pourtant qu'il
en pourra escheoir sur sa dite terre du Parc.

Item. — Mro Emanuel-René d'Averton, comte de Blin
(Belin), seigneur du Bourg d'Averton, Courcitté et de la
forrest ségréal de Pail, est mon homme de foy lige, à
cause de sa terre et chastellenie d'Averton, Courcitté,
consistant en sa maison seigneurialle du bourg de Courcitté, dommaines, moulins, fiefz et arrière-fiefz et debvoirs, avec sa justice ordinaire, exercée par ses officiers
en son dit bourg de Courcitté : à raison de quoy, il me
doibt, plège, gage et obéissance [3].

Item. — Led. d'Averton est mon homme de foy lige à
cause de sa terre du Bourg d'Averton, consistant en son
chasteau, dommaines, moulins, fiefz et autres debvoirs :
pour raison de quoy, il me doit aussy plège, gage et
obéissance.

Item. — Ledit sieur comte de Blin est mon homme de

(1) Le Parc d'Avaugour, paroisse de Brecé.

(2) Dans l'aveu rendu, le 10 octobre 1659, par Nicolas Brulart au cardinal de
Mazarin, pour la terre de Vautorte, on lit : « Nous faisons faucher nostre
« lande de Vautorte, et est tenu vostre sergent de Surgon nous faire scavoir
« le jour que faites faucher vostre lande de Savigny, et sommes tenu donner
« à disner à vostre sergent le jour qu'il nous le fera scavoir ». La lande
devait être en Châtillon-sur-Colmont. (V. *Archives municipales de Mayenne.*
Aveux, tome I, p. 186.

(3) V. *Archives municipales de Mayenne.* Aveux, tome III, p. 201.

foy lige à cause de la forrest ségréal de Pail et fiefz en deppendans : pour raison de quoy, il me doit aussy plège, gage et obéissance.

Item. — Mre René de Froulay, fils aisné, mineur, principal héritier de feu Mre René de Froulay, vivant chevalier, comte de Tessé, baron de Vernie et d'Ambrières, tient et relève de moy, à cause de mondict duché, sa terre et baronnie d'Ambrières, ville et chasteau du mesme nom, dommaines, moulins, fiefz, hommes et debvoirs, avec sa justice ordinaire telle qu'à seigneur baron apartient : pour raison de quoy, ses prédécesseurs ont rendus, par leurs adveux à mon duché, le debvoir de fournir un chevalier d'ost pour m'accompagner, le cas advenant, pendant huict jours, pour aller jusques au Mans, pour la garde de vostre comte du Maine, à ses dépens pendant les huict jours ; lequel debvoir ledit feu René de Froulay n'a pas employé en son adveu qu'il a rendu aux pleds de mondit duché, dans lequel il a déclaré qu'il me debvoit seullement plège, gage et obéissance et l'abonnement des rachapts et reliefs qui me sont deubz suivant la coustume, et, à mutation de seigneur ou dame d'Ambrières, la somme de cent livres seullement ; lesquelles obmissions et déclarations, je proteste ne me pouvoir préjudicier et de les faire réformer, si je vois l'avoir à faire.

Item. — Mre François de Rommilly (Romillé), chevalier, marquis de la Chesnelaye, est mon homme de foy lige, tant à cause de mon dict duché que de ma chastellenie de Pontmain, pour raison de sa terre et chastellenie de Landivy et Mausson [1], composée de son chasteau et maison seigneurialle, de ses deppendances, dommaines, fiefz et debvoirs à luy deubz, et la justice telle que ledict feu Eminentissime Cardinal, mon prédécesseur, luy a

---

(1) Mausson, paroisse de Landivy.

concédée et aux charges de la dicte concession, sans préjudice de mes droicts et de me pourvoir contre, en cas
de recouvrement de tiltres : pour raison de laquelle terre
et seigneurie, le dict Rommilly doibt à la recepte de mon
duché, par chacuns ans, au jour et terme de Nostre-Dame
dicte Angevinne, neuf sols neuf deniers de taille ou debvoir féodal et les autres tailles jugées, le cas advenant, et
toutes autres obéissances, droicts et debvoirs, tels
qu'homme de foy lige doibt à son seigneur, tant par ladicte coustume généralle de vostre province du Maine
que localle de mon dict duché.

Item.—Le dict de Rommilly relève de moy à foy et hommage lige d'autres terres et seigneuries, par le moyen de
ma chastellenie de Pontmain, desquelles il sera parlé
cy-après au desnombrement des terres deppendantes de
ma dicte chastellenie.

Item. — Mᵣᵉ marquis de Birasgues est mon homme de
foy lige, à cause de sa terre et chastellenie de Champo-
rain [1] consistant en sa justice ordinaire, dommaines,
fiefz et vassaulx : pour raison de laquelle, il me doibt cinquante sols de taille ou debvoir féodal et quarante boesseaux d'avoyne à ma mesure de Pontmain, au terme
d'Angevinne [2].

Item. — Le sieur marquis de Birasgues relève de moy
sa chastellenie de l'Outaigerie [3] et choses en deppendantes : pour raison de quoy, il me doibt aussy cinquante sols de taille ou debvoir féodal et quarante
bouesseaux d'avoyne à ma dicte mesure du Pontmain, au
terme d'Angevinne.

Item. — Mᵣᵉ Jean-Baptiste Colbert, chevalier, baron de
Seignelay, conseiller du roy en ses conseils et control-
leur général de vos finances, relève de moy, à foy et hom-

---

(1) Champorin, paroisse de Saint-Denis-de-Gastines.
(2) Voir à l'Appendice, note E, la mesure du boisseau de Pontmain.
(3) L'Otagerie, paroisse de Colombiers.

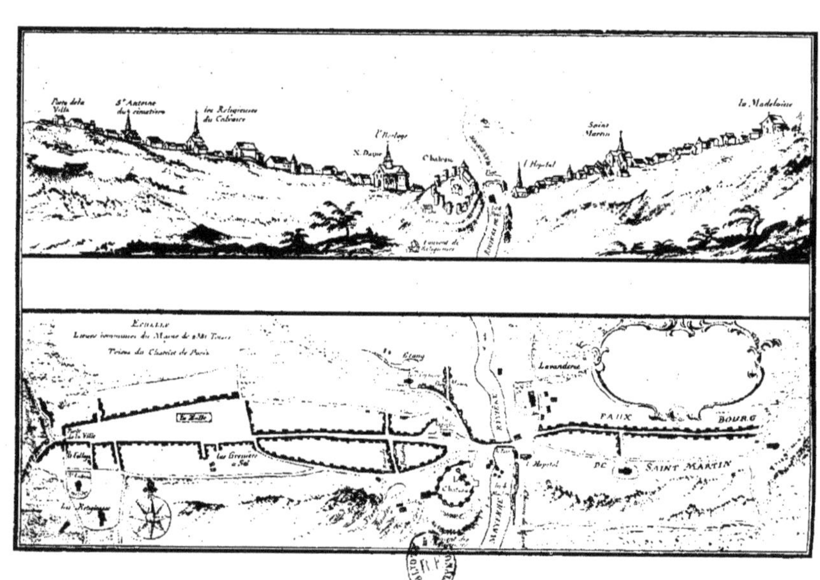

« Profil de la Ville et du Château de Mayenne »
(1695)

mage lige, sa terre et chastellenie de Pescoux [1] et Contilly, dommaines, fiefz et vassaulx, avec justice ordinaire de chastelain : pour raison de quoy, il me doibt plège, gage et obéissance, sans préjudice d'autres droicts et debvoirs.

Item. — Mre Claude de Langlée, mareschal général des logis, camp et armées de vostre Majesté, est mon homme de foy lige, à cause de sa terre et chastellenie de Maigné [2] consistant en sa justice ordinaire de chastellain, dommaines, fiefz, vassaulx et debvoirs : pour raison de quoy, il me doibt plège, gage, obéissance et tous autres debvoirs ordinaires et coustumiers.

Item. — Les filles mineures de deffunct Mre Louis de Tragin, vivant chevalier, sieur de Cohardon [3], tiennent et relèvent de moy, à foy et hommage lige, la terre et chastellenie de Cohardon, consistant en la maison seigneurialle, vignes, préz, estangs, moulins, bois taillis, fiefz et debvoirs, avec la justice ordinaire telle qu'elle apártient à seigneur chastelain : pour raison de quoy, il m'est deub plège, gage et autres obéissances et droicts, suivant la coustume.

Item. — Dame Eléonore du Bellay, veufve de Mre de Malnoë, héritière de feu Mre René, marquis du Bellay, vivant chevalier, seigneur de la Feuillée [4], relève de moy, sous six fois et hommages liges, les terres, fiefz et seigneurie qui ensuivent :

Item. — La première, pour sa terre, fief et seigneurie de la Feuillée, chasteau, dommaines, estangs, moulins, bois, vassaulx et debvoirs en deppendants.

La seconde, pour les fiefz qui partirent autrefois à ma seigneurie de Montgiroux.

---

(1) Pescoux, paroisse de Louzes.
(2) Maigné-en-Champagne, (du Maine).
(3) Cohardon, paroisse de Fyé.
(4) La Feuillée, paroisse de La Bigottière.

La troisième, pour les fiefz d'Abattants [1], *aliàs* de la Chappelle.

La quatrième, à cause du moulin, estang, sujectz et mousteaux d'Oliveau [2].

La cinquiesme, à cause du moulin et mousteaux de Breschet [3], *aliàs* Augibart.

Et la sixiesme, à cause de sa grande estang, dite la Malvoisine [4], et ses rivages.

Pour raison desquelles terres, seigneuries, fiefz, sujectz, estangs et moulins, elle me doibt, par chacuns ans, au terme d'Angevinne, la somme de 18^{tt}, 7 sols, 6 deniers de debvoir féodal, avec toutes les autres obéissances et debvoirs qui m'appartiennent par les dictes coustumes génèralles et locales.

Item. — La dicte dame du Bellay tient et relève de moy, à foy et hommage lige, sa terre, fief et seigneurie de la Juvandière [5], avec ses circonstances et deppendances, tant en fiefz, hommes, debvoirs que dommaines et moulins : pour quoy, elle me doibt les tailles jugées, le cas advenant, avec plège, gage et obéissance, telle qu'à seigneur de fief apartient [6].

Sur lesquelles terres, seigneuries cy-dessus déclarées, la dicte dame a droict de justice sur ses vassaulx, sujectz, pour se faire obéir de ses debvoirs seullement.

Item. — Mre Charles du Mas, chevalier, marquis de Brossay, baron de Quart.. est mon homme de foy lige, par le moyen de mon duché et ma chastellenie d'Ernée, à cause de ses terres, fiefz et seigneuries du Mesnil-

---

(1) Abattants, paroisse de La Bigottière.
(2) Ibidem.
(3) Breschet, paroisse de Sacé.
(4) La Malvoisine, paroisse d'Alexain.
(5) La Juvandière, paroisse de Sacé.
(6) V. *Archives municipales de Mayenne.* Aveux, tome I, p. 67.

Barré [1] et de Terchant [2] avec les deppendances, tant en maisons seigneurialles que dommaines, bois, préz, pasturages, moulins, fiefz, hommes et debvoirs, avec droict de moyenne et basse justice pour ses pledz seulement : pour raison de quoy, il me doibt 20 boesseaux d'avoyne à ma mesure d'Ernée [3], au terme d'Angevinne.

Item. — Dame Magdelaine de Souvré, veuve de deffunct m^ro Philippes-Emanuel de Laval, vivant chevallier, marquis de Sablé et du Bois-Dauphin, tient et relève de moy, à foy et hommage lige, sa terre et seigneurie d'Aron et du Husson [4], consistant en son chasteau et maison seigneurialle d'Aron et ses deppendances, ses grosses forges, fandries à fer, estangs, dommaines, bois taillis, fiefz, hommes et debvoirs, avec justice foncière : pour raison de quoy, elle me doibt vingt-huit tournois de taille et debvoir féodal, au terme d'Angevinne [5].

Item. — La dicte dame marquise de Sablé tient et relève de moy, par sept fois et hommages liges, les terres, fiefz et seigneuries qui ensuivent :

La première, pour sa terre et seigneurie de la Bazoge-Monpinçon, à raison de laquelle elle me doibt trente sols de taille ou debvoir féodal, au terme d'Angevinne.

La seconde, pour sa féodalité, moulins et mousteaux de Trihoudy [6] : pour quoy, elle me doibt douze sols de taille ou debvoir, audit terme.

La troisième, pour sa terre seigneurie du Bois-au-Parc, fiefz et dommaines en deppendant : pour raison de quoy, elle me doibt sept sols mancels, faisant quatorze solz tournois de taille ou debvoir, et dix sols pour le fief de la Chappelière, et encore six solz tournois aussy pour les

---

(1) Le Mesnil-Barré, paroisse d'Andouillé.

(2) Terchant, paroisse de Saint-Cyr-le-Gravelais.

(3) Voir à l'appendice, note E, la mesure du boisseau d'Ernée.

(4) Le Husson, fief, paroisse d'Aron.

(5) V. *Archives municipales de Mayenne*, Aveux, tome I, p. 233.

(6) Trihoudy ou Tréhoudy, moulin détruit, en Aron.

Landes des Bois, le tout audit terme d'Angevinne ; et est obligée de me faire payer par ses sujectz de ses fiefz le nombre de dix-huit hoguins, faisant douze boesseaux d'avoyne, par chascuns ans, audict terme.

Le quatrième, pour son dommaine féager ou féodalité de Lincé [1], pour lequel elle me doibt cinquante-deux solz huit deniers de taille ou debvoir, audict terme de l'Angevinne, et me faire payer, par ses hommes et sujectz, dix-huit hoguins, faisant douze boesseaux, par chascun an, audict terme, à ma mesure de Mayenne [2].

La cinquième, pour son dommaine féager du Taillis des Brosses, pour lequel elle me doibt dix solz tournois de taille ou debvoir, audict terme.

La sixième, pour ses fiefz et féages de Bures, pour lesquelz elle me doibt vingt sols deux deniers obolle, et me doibt faire payer, par ses hommes sujectz, dix-huit hoguins faisant douze boesseaux d'avoyne, à ma mesure, audict terme.

La septième, à cause de son féage ou féodalité de Marboué [3] et ses deppendances : pour quoy, elle me doibt vingt sols de taille ou debvoir et faire payer par ses hommes dix-huit hoguins, faisant douze boesseaux d'avoyne, à ma mesure de Mayenne, audict terme de l'Angevinne.

Item. — Ladicte dame marquise de Sablé tient et relève de moy, à foy et hommage lige, sa justice haute, moyenne et basse de sa forrest de Bourgon [4] et motte d'icelle ; laquelle justice n'est que pour se faire obéir de ses debvoirs seulement : à cause de quoy, elle me doibt, par chacuns ans, au jour de Toussainctz, deux paires de gands, de service, et les tailles jugées, le cas advenant, avec plège, gage et obéissance.

(1) Lincé, paroisse de Montourtier.
(2) Voir à l'appendice, note E, la mesure du boisseau de Mayenne.
(3) Marboué, paroisse de Commer.
(4) Bourgon, paroisse de Montourtier.

Item. — Ladicte dame de Souvré tient et relève de moy, à foy et hommage lige, ses fiefz de Montourtier, Bois-Martel [1], Neufvillette [2] et fiefz scituéz aux environs de sa dicte forrest de Bourgon et du Petit-Hermet [3]; pour lesquels, elle me doibt sept sols de debvoir féodal, audict jour de Toussainctz de chaque année : sur lesquelles terres et fiefz, elle a droict de justice foncière pour l'obéissance de ses debvoirs [4].

Item. — Mre Hubert de Champagne, chevalier, marquis de Villaines, baron de la Vauselle [5] et de Chasseguère [6] est mon homme de foy lige, à cause de sa terre et seigneurie de Marsillé-la-Ville, fiefz, hommes et debvoirs, avec justice foncière pour s'en faire obéir : pour raison de quoy, il me doibt toute sujection et obéissance, telle qu'à son seigneur de fief.

Item. — Le dict de Champagne est mon homme de foy lige, à cause de ses terres et seigneurie de la Motte d'Aron [7], fief communal, avec leurs appartenances et deppendances, tant en dommaines, maisons, bois de haulte fustaye, moulins, hommes et debvoirs : pour raison de quoy, il me doibt, au terme d'Angevine, sept sols six deniers de taille ou debvoir féodal, et me doibt, en outre, huit jours et huit nuictz, à mutation de seigneur, de garde à mon chasteau et grande porte d'icelluy, et, en plus, nécessaire luy armé suffizamment d'armes et chevaux et accompagné de ses hommes et sujectz du communal, chacun d'iceux embastonné de tel baston qu'il voudra porter pour son corps deffendre.

Item. — Le dict sieur marquis de Villaines relève de

[1] Bois-Marteau, paroisse de Montourtier.
[2] Neuvillette, paroisse de Jublains.
[3] Le Petit-Hermet, paroisse de Mézangers et de Jublains.
[4] Voir *Archives municipales de Mayenne*. Aveux, tome III, p. 293.
[5] La Vaucelle, en Villaines-la-Juhel.
[6] La Chasseguère, paroisse d'Hardanges.
[7] La Motte d'Aron, paroisse de Martigné.

moy, à foy et hommage lige, la seigneurie et fief du Layeul[1] : à raison de quoy, il me doibt une paire d'esperons doréz, avec plège, gage et obéissance telle qu'à seigneur de fief : sur lesquelles seigneurie et fief, il a droit de justice pour l'obéissance de ses debvoirs [2].

Item. — Mre Philippes de Bouillé, chevalier, comte de Créances, est mon homme de foy lige à cause de sa terre, fief et seigneurie du Bourgneuf [3], consistant en son hébergement ou maison seigneurialle, chappelle, dommaines, bois et haulte fustaye, garannes, estangs, moulins, hommes, sujectz et debvoirs, avec justice foncière pour s'en faire obéir : pour raison desquelles, il me doibt plège, gage et obéissance telle qu'à son seigneur de fief [4].

Item. — Mre Jean-Baptiste-Antoine marquis de Roquelaure relève de moy, à foy et hommage lige, ses fiefz et seigneurie de Hambers avec leurs deppendances ; pour lesquelz, il me doibt subjection et obéissance.

Item. — Mre Louis-François Le Febvre de Caumartin, chevalier, conseiller en vos Conseils d'état et privé, maistre des requestes ordinaires de votre hostel, en qualité de tuteur et légitime administrateur du fils unique de luy et de deffuncte dame Marie-Urbaine de Sainte-Marthe, relève de moy, tant à cause de mondict duché qu'à cause de ma terre et seigneurie de Mongirou, la terre fiefz et seigneurie et forrest de Hermet [5] : pour raison de quoy, il me doibt, chacuns ans, une paire d'esperons doréz, sans préjudice d'autres droictz et debvoirs ordinaires et accoustumées.

---

(1) Le Layeul, paroisse d'Hardanges.

(2) V. *Archives municipales de Mayenne*, Aveux, tome I, page 178, Un aveu, rendu par le seigneur du Layeul à Averton, a été publié par M. Leblanc, ancien avocat et député de la Mayenne, dans *Le Courrier de Mayenne*, en janvier 1890.

(3) Le Bourgneuf, paroisse de Jublains.

(4) V. *Archives municipales de Mayenne*, Aveux, tome I, page 161.

(5) Paroisses de Jublains, de Mézangers et de Deux-Evailles.

Item. — M^ro André, marquis du Plessis-Chastillon, est mon homme de foy lige, à cause de sa terre et seigneurie de Chastillon, consistant en fiefz scituéz au bourg et parroisse de Chastillon [1] ; pour raison desquels, il me doibt six sols huit deniers, de debvoir, et trois sols quatre deniers au forestier du Parc, le tout au terme de Noël ; et me doibt, en outre, faire faire, par ses sujectz, les corvécs ordinaires à faucher et fanner le foing de ma lande de Savigné, faire faire un charroy du foing d'icelle à mon chasteau de Mayenne.

Item. — Le dict marquis du Plessis est mon homme de foy lige, à cause de sa terre, seigneurie, fiefz et dommaines de l'Ecluse [2] : pour raison de quoy, il me doibt sept livres quinze sols de debvoir féodal, au terme d'Angevinne.

Item. — Le dict sieur marquis relève de moy, à foy et hommage lige, sa terre et seigneurie du Plessis, consistant en sa maison seigneurialle, dommaines, préz, estangs, bois, moulins, fiefz et vassaulx : à raison de quoy, il me doibt plège et obéissance.

Item. — Le dict seigneur, marquis du Plessis, relève de mondict duché, à foy et hommage lige, sa terre, fiefz, et seigneuries de Coulombiers et de la Gauberdière [3], consistant en sa maison seigneurialle, dommaines, moulins, fiefz, hommes et debvoirs, sa sergentise fieffée et justice foncière pour ses pledz : pour quoy, il me doibt neuf livres neuf sols de debvoir féodal par an, au terme d'Angevinne, et un espervier fort, au jour et feste de la Magdeleine.

Item. — Le dict sieur marquis est mon homme de foy lige, à cause de sa terre fief et seigneurie de la Ponnière [4],

---

[1] Châtillon-sur-Colmont.
[2] L'Ecluse, paroisse de Brécé.
[3] La Gauberdière, paroisse de Colombiers.
[4] La Ponnière, paroisse de Châtillon-sur-Colmont.

consistant en l'emplacement de son ancienne maison seigneurialle, dommaine, bois, estangs, moulins, fiefz, hommes et debvoirs : pour raison de quoy, il me doibt, par chacuns ans, quarante-huit sols de taille ou debvoir féodal et trente-quatre bouesseaux d'avoyne à ma mesure de Mayenne, le tout au terme Nostre-Dame Angevinne, et me doibt faire faire par ses hommes les corvées à faucher et fanner mon préz et lande de Savigné, faire faire un charroy du foing du dict préz et un charroy de bois pour ma souche de Noël à mon chasteau de Mayenne [1].

Item. — Mre Séraphin du Tillet, conseiller en vostre cour de parlement, à Paris, est mon homme de foy lige, à cause de sa terre, fiefz et seigneurie de Loré, size en la parroisse du Grand-Oyseau [2], consistant en son chasteau, maison seigneurialle, dommaines, préz, pasturages, bois de haulte fustaye et taillis, fiefz, hommes et debvoirs ; pour raison de quoy, il est tenu me faire neuf jours et neuf nuictz de garde à mon chasteau et à la porte de ma ville de Mayenne, en temps de guerre, pour votre service et à ses despens, et trente un autres jours et nuictz, pour mesmes sujectz, à mes despens, si j'en ay besoing ; et me doibt, en outre, deux sols de debvoir au terme d'Angevinne, avec plège, gage et obéissance, suivant les coustumes.

Item. — Le dit sieur du Tillet relève de moy, à foy et hommage lige, son moulin de la Courbe [3], scitué sur la rivière de Coulmont [4] : pour raison de quoy, il me doibt foy, gage et obéissance et autres droicts, suivant l'uzage desdictes coustumes.

Item. — Le dict sieur du Tillet, relève de moy, à foy et

---

[1] V. *Archives municipales de la Mayenne*, Aveux, tome III, page 337.
[2] Oisseau, près Mayenne.
[3] La Courbe, en Oisseau.
[4] La Colmont.

hommage lige, la terre, fief et seigneurie de Surcoulmont[1], consistant en maisons, dommaines, fiefz et
debvoirs : pour raison de quoy, il me doibt les tailles
jugées, quand elles adviennent, avec plège, gage et
obéissance.

Item. — Le dict sieur du Tillet est mon homme de foy
lige, pour raison de sa terre, fiefz et seigneurie de Mon-
griveu, aussy scitués en ladicte parroisse d'Oyseau[2], consistant en maisons, dommaines, bois de haulte fustaye,
fiefz, hommes et debvoirs : pour raison de quoy, il me
doibt payer, chacuns ans, la somme de trente-six sols de
taille ou debvoir féodal, au terme d'Angevinne, et trois
septiers vallant cinquante-quatre bouesseaux d'avoyne à
ma mesure de Mayenne, au terme de Toussainctz ; et est
obligé me faire faire, par ses sujectz, les corvées pour
faucher et fanner en mon préz et lande de Savigné, faire
faire un charroy dudict foing et un charroy de bois de
ma forrest, pour le trefouil ou souche de Noël, à mon
chasteau [3].

Item. — Mre Jean des Vaux, chevalier, marquis de
Levaré, premier lieutenant de votre grande vannerie,
est mon homme de foy lige, à cause de sa terre des Vaux,
consistant en son chasteau et maison seigneurialle, sa
chapelle et droict de présentation d'icelle, bois de haulte
fustaye et taillis, dommaine, landes, préz, moulins, fiefz,
hommes et debvoirs, avec droict de justice pour s'en
faire obéir : pour raison de quoy, il doibt, à chaque mut-
tation de seigneur duc de Mayenne, une couple de
chiens courans, avec plège, gage, et autres droicts coustumiers [4].

Item. — Ledict sieur marquis de Lévaré relève de moy,

(1) La Haie-sur-Colmont, en Oisseau.

(2) Oisseau.

(3) V. *Archives municipales de Mayenne*. Aveux, tome I, page 129.

(4) V. *Archives municipales de Mayenne*. Aveux, tome I, page 87.

à foy et hommage lige, sa terre, fief et seigneurie de
Vievy [1], dommaine, moulin, fiefz, hommes et debvoirs :
à raison de quoy, il me doibt aussy plège, gage et obéissance.

Item. — Ledict des Vaux relève de moy, à foy et hommage lige, sa terre et seigneurie du Coudray, scituée en
la paroisse de Chantrigné, consistant en maison, dommaine, moulin, bois de haulte fustaye, préz, fiefz et debvoirs ; pour l'obéissance desquels, il a droict de justice
foncière : à raison de quoy, il me doibt aussy subjection,
obéissance et autres debvoirs coustumiers [2].

Item. — Mre Charles comte de Montesson relève de moy
sa terre, seigneurie de Montesson [3]; pour laquelle il me
doibt foy et hommage lige et tous autres debvoirs ordinaires et coustumiers.

Item. — Le dict sieur de Montesson relève de moy sa
terre et seigneurie de la Ridelière [4], pour laquelle il me
doibt aussy foy et hommage lige, sans préjudice d'autres
debvoirs.

Item. — Le dict de Montesson est mon homme de foy
lige, à cause de sa terre et seigneurie de la Beschère [5] et
de ses deppendances : pour raison de quoy, il me doibt
cinquante-cinq solz de debvoir féodal et quatorze solz
de taille dite la « Taille aux chevalliers ».

Item. — Mre Louis Dommaigné, chevalier, seigneur de
la Rochehüe, est mon homme de foy lige, à cause de sa
terre et seigneurie de Busleu [6], consistant en sa maison
seigneurialle, dommaines, bois de haulte fustaye et taillis, préz, estangs, moulins, vassaulx, hommes et debvoirs,
avec justice foncière pour s'en faire obéir : pour raison de

<hr>

(1) Vieuvy.
(2) V. *Archives municipales de Mayenne*. Aveux, tome I, page 25.
(3) Montesson, paroisse de Bais.
(4) La Ridelière, paroisse d'Hambers.
(5) La Beschère, paroisse de Deux-Evailles.
(6) Buleu, paroisse de Marcillé-la-Ville.

quoy, il me doibt, tous les ans, un espervier fort, garny de longes et sonnettes.

Item. — Mre René de Beauregard, mari de Marie-Charlotte du Brosset et fils de François de Beauregard, chevalier, seigneur du Fresne [1] est mon homme de foy lige, à cause de sa seigneurie du Fresne, fiefz, hommes, debvoirs et justice foncière pour s'en faire obéir : pour raison de quoy, il me doibt plège, gage et obéissance.

Item. — Le dict de Beauregard est mon homme de foy lige, à cause de ses fiefz et seigneuries de Champéon, hommes, vassaux, sujectz et debvoirs : à raison de quoy, il me doibt quarante-huit sols de taille ou debvoir féodal, au terme d'Angevinne, et est obligé, tous les mois de l'an, excepté janvier et aoust, me faire amener, par ses hommes et sujectz, une chartée de bois escarré, de ma forrest de Mayenne, pour la réparation de mon chasteau de Mayenne, en estant adverti, et, en outre, plège, gage et obéissance [2].

Item. — Les enfants et héritiers de feu Mre Paul de Lisle, vivant chevalier, seigneur du dict lieu, des seigneuries d'Ollon et de la Marsillerie [3], tiennent et relèvent de moy, à foy et hommage lige, la terre et seigneurie d'Ollon, dommaines, fiefz, hommes et debvoirs, avec justice foncière pour s'en faire obéir : pour raison de quoy, ils me doibvent deux sols de taille ou debvoir féodal par an, au terme de l'Angevinne et autres droicts coustumiers.

Item. — Lesdicts enfans et héritiers tiennent et relèvent de moy, à foy et hommage lige, la terre et seigneurie de la Marsillerie, circonstances et deppendances : pour raison de quoy, ils me doivent six bouessaux, par une part, et dix-neuf bouesseaux d'avoyne, par autre, à ma mesure

---

(1) Le Fresne, paroisse de Saint-Fraimbault-de-Prières.

(2) V. *Archives municipales de Mayenne*. Aveux, tome I, page 151.

(3) Ollon et La Marsillerie, en Saint-Fraimbault-de-Prières.

de Mayenne, au terme d'Angevinne ; lequel debvoir, lesdicts héritiers me contestent : pour quoy, il y a procès
pendant et indécis devant mes officiers.

Item. — Mre Guillaume du Bois, chevalier, seigneur des
Bordeaux, est mon homme de foy lige, à cause de sa
terre et seigneurie de Courseliers (1) consistant en sa
maison seigneurialle, dommaine, préz, estangs, bois, fiefz,
moulins, hommes et debvoirs, avec droict de justice pour
s'en faire obéir : pour raison de quoy, il me doibt, par
chacuns ans, au terme d'Angevinne, une paire d'esperons
doréz et quarante sols de taille, de debvoir féodal (2).

Item. — Mre Jacques de Biars, chevalier, seigneur de
Saint-Georges, est mon homme de foy lige, à cause de
sa terre et seigneurie dicte la suzeraineté de Saint-Georges, consistant en sa maison seigneurialle, dommaines,
moulins, rivière, préz, vassaulx, sujeclz et debvoirs,
avec justice pour s'en faire obéir : pour raison de quoy,
il me doibt, plège, sujection et obéissance.

Item. — Les propriétaires de la terre, fief et seigneurie de
la Chaumine, relèvent de moy, à foy et hommage, ladicte
terre et ses deppendances, me doibvent sujection et obéissance et tous autres droicts ordinaires et coustumiers.

Item. — Mre Brandelis de Morel, chevalier, seigneur vi-
comte d'Aubigny, de Neufvillette, est mon homme de foy
lige, à cause de sa haulte, moyenne et basse justice de
Neufvillette, pour se faire obéir de ses debvoirs seigneu-
riaulx, sans aucune autre justice contentieuse : pour
raison de laquelle, il me doibt, par chacuns ans, au
jour de Saint-Maurice, une paire de gands blancs (3).

Item. — Mre Isaac Martel, chevalier, est mon homme de
foy lige, à cause de sa haulte, moyenne et basse justice de
Landepoutre, en la parroisse de Jublains, pour se faire

---

(1) Courceriers, paroisse de Saint-Thomas-de-Courceriers.

(2) V. *Archives municipales de Mayenne*. Aveux, tome III, page 1.

(3) V. *Archives municipales de Mayenne*. Aveux, tome I, page 211.

obéir de ses debvoirs, et non contentieuse : pour raison de quoy, il me doibt, par chacuns ans, une paire de gands blancs, au terme de l'Angevinne [1].

Item. — Mre Charles d'Andigné, chevalier, seigneur des Escotais, est mon homme de foy lige, à cause de sa terre des Escotais, en la dicte parroisse de Jublains, consistant en sa maison seigneurialle, dommaine, prairie, bois de haulte fustaye, moulins, estangs, fiefz, hommes et debvoirs : pour raison de quoy, il me doibt une paire de gands.

Item. — Ledict sieur des Escotais relève de moy, à trois foys et hommages liges, ses foires à Jublains, foire de Saint-Lucas et Saint-Laurens à Jublains, une rente de soixante et douze solz sept deniers qu'il prend sur le dommaine de Monpion [2] qui sortit de Mongiroux, sa haulte justice des Escotais à se faire obéir de ses subjects et non contentieuse; pour raison de laquelle justice, il me doibt aussy une paire de gands.

Item. — Mre Jacques de Fontenailles, chevalier, seigneur d'Ivoy [3], est mon homme de foy lige à cause de sa terre et seigneurie de Surgon [4], maison, dommaines, fiefz, hommes et debvoirs, avec haulte, basse et moyenne justice, pour s'en faire obéir, et non contentieuse, ny ordinaire : pour raison de quoy, il me doibt, au terme d'Angevinne, soixante et douze bouesseaux d'avoyne à ma mesure de Mayenne [5].

Item. — Ledict sieur de Fontenailles est mon homme de foy lige, à cause de son office de sergent de Surgon, nommé vulgairement la « Baillée de Surgon », qui est le droict de me nommer et présenter un sergent, homme capable : pour raison de quoy, il me doibt vingt-cinq

(1) V. *Archives municipales de Mayenne*. Aveux, tome III, page 325.

(2) Montpion, paroisse d'Hambers.

(3) Ivoy, paroisse de Carelles.

(4) Surgon, paroisse de Placé.

(5) V. *Archives municipales de Mayenne*. Aveux, tome I, page 7.

livres dix-huit solz neuf deniers de debvoir, au terme d'Angevinne, par chacuns ans ; laquelle somme il peut reprendre sur partye de mes autres vassaulx et est nommée la « Taille aux Chevaliers » ; et, en outre, il est obligé de contraindre mesdits vassaulx au payement et obéissance des autres debvoirs qu'ils me sont tenu faire.

Item. — Ledict sieur de Fontenailles est mon homme de foy lige, à cause de sa terre et seigneurie de Hambers, en Placé, dommaines, fiefz et hommes et debvoirs, avec justice pour s'en faire obéir : pour quoy, il me doibt plège, gage et obéissance et autres droicts coustumiers [1].

Item. — Ledict de Fontenailles est mon homme de foy lige, à cause de son fief de la Bruère, rentes, hommes et debvoirs, dont il me doibt aussy plège, gage et obéissance [2].

Item. — Ledict de Fontenailles est mon homme de foy lige à cause de partye de la terre de Marcherue, en Martigné, dommaines, fiefz, hommes et debvoirs ; et pour raison de quoy, il me doibt plège, gage et obéissance [3].

Item. — Les héritiers ou ayans cause de deffunct Pierre de la Haye, escuyer, relève de moy, soubz la mesme foy lige et obéissance, le surplus de la dite terre de Marcherue et de ses deppendances.

Item. — Mre Isaac de la Matraye [4], chevalier, seigneur de Contest, est mon homme de foy lige, à cause de sa terre et seigneurie de Contest, maison manable, dommaines, bois, moulin, fiefz, hommes et debvoirs, justice foncière pour ses pledz ; et me doibt quarante-sept solz de taille ou debvoir féodal, nommé « la Taille aux Chevaliers », la souche de Noël et la feuillée ou rameaux de la Pente-

(1) V. *Archives municipales de Mayenne.* Aveux, tome I, page 1.
(2) V. *Archives municipales de Mayenne.* Aveux, tome I, page 19.
(3) V. *Archives municipales de Mayenne.* Aveux, tome I, page 21.
(4) La Matraie, paroisse de Contest.

coste à mon chasteau, et pour ce, payer, chascun jour, à ceux qui feront les charroys quatre deniers.

Item. — Le dict de la Matraye relève de moy, à foy et hommage lige, sa terre et seigneurie des Loges[1], maisons, domaines, fiefz, hommes et debvoirs, justice foncière pour ses pledz : pour raison de quoy, il me doibt, par chacun an, au terme d'Angevinne, vingt sols de taille ou debvoir féodal, nommé la « Taille aux Chevaliers » et soixante bouesseaux d'avoyne à ma dite mesure [2].

Item. — Le dict de la Matraye relève et tient de moy, à ladite foy et hommage lige, sa seigneurie d'Augeard [3] *aliàs* Boutavent, fiefz, hommes et debvoirs, avec justice foncière pour ses pledz : pour raison de quoy, il me doibt payer à ma recepte tous les ans, au terme d'Angevinne, trente-trois bouesseaux d'avoyne à ma dite mesure et la douzième partye d'un charroy de foing de ma lande de Savigné et de bois escaré de ma forrest à mon chasteau, pour les réparations d'icelluy, au temps de Pentecoste, et de la souche de Noël [4].

Item. — Le dict de la Matraye relève de moy, à deux foys et hommages, ses terres et seigneuries de Polié [5] et du Plessis, en Contest, dommaines, terres qui furent jadis en bois de haulte fustaye, préz, moulins, fiefz, hommes et debvoirs, avec basse justice foncière : pour raison duquel, il me doibt quarante-cinq sols de debvoir féodal, appellé la « Taille aux Chevalliers » [6].

Item. — Le dict sieur de la Matraye est mon homme de foy simple, à cause de son lieu domaine de la Chauvelerie, en Contest, subjects et debvoirs, avec justice foncière :

---

(1) Les Loges, paroisse de Contest.

(2) V. *Archives municipales de Mayenne*, tome I, pages 75, 227.

(3) Augeard, en Saint-Georges-Buttavent.

(4) V. *Archives municipales de Mayenne*, Aveux, tome I, page 79.

(5) Poillé.

(6) V. *Archives municipales de Mayenne*, Aveux, tome I, pages 83, 147.

pour raison duquel, il me doibt cinquante-quatre bouesseaux d'avoyne à ma dicte mesure de Mayenne, au terme d'Angevinne [1].

Item.— Mre François marquis de Hautefort tient et relève de moy, à foy et hommage lige, sa terre de la Guitterie [2], consistant en sa maison seigneurialle, fiefz, hommes et debvoirs : pour raison de quoy, il me doibt plège, gage et obéissance.

Item. — Ledict sieur marquis de Hautefort est mon homme de foy lige, à cause de sa seigneurie du Bas-Monchien [3] fiefz, hommes et debvoirs, avec justice pour s'en faire obéir : pour raison de quoy, il me doibt une paire de gands à l'Angevinne.

Item. — Ledict sieur marquis de Hautefort relève de moy, à foy et hommage lige, son dommaine de la Matraye en Placé : pour raison duquel, il me doibt cinq solz au terme d'Angevinne.

Item. — Mre Louis de Beaumanoir, chevalier, baron de la Troussière, est mon homme de foy lige à cause de sa terre du Ferray [4] maison seigneurialle et dommaines : pour raison de quoy, il me doibt, par çhacuns ans, au jour de Pentecoste, deux esteurs [5].

Item.— Ledict de Beaumanoir est mon homme de foy lige, à cause de son dommaine de Quifeu [6] : pour lequel, il me doibt, au jour de Pentecoste, une paire de gands [7].

Item.— Mre David Le Febvre, sieur de La Vallette, président au siège de l'Eslection de vostre ville du Mans, et ses consorts relèvent de moy, à foy et hommage lige, les

(1) V. *Archives municipales de Mayenne*, Aveux, tome I, page 231.
(2) Guitterie ou Guittière, en Placé.
(3) Bas-Monchien, paroisse d'Alexain.
(4) Ferré, en Martigné.
(5) V. *Archives municipales de Mayenne*, Aveux, tome III, page 323.
(6) Quiffeux, paroisse de Martigné.
(7) V. *Archives municipales de Mayenne*, Aveux, tome III, page 335.

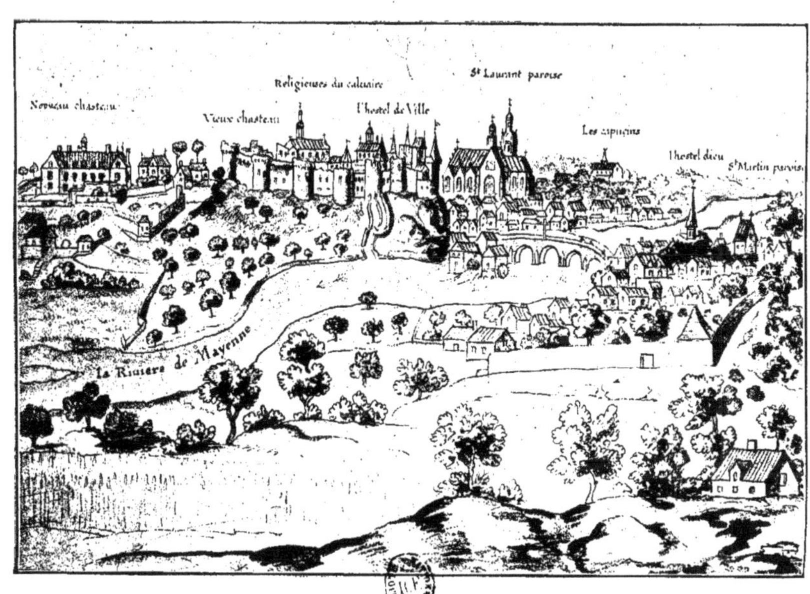

LA VILLE DE MAYENNE À LA FIN DU XVIIe SIÈCLE

dommaines et moulin de la Motte-Boudier [1]: pour raison de quoy, ilz me doibvent deux paires de gands, au
terme d'Angevinne.

Item. — Guillaume Chouet, escuier, président au
bureau de vos trésoriers, à Tours, est mon homme de
foy lige, à cause de ses terres et seigneuries de la Cicorie [2] et du Val, consistant en ses maisons seigneurialles,
dommaines, bois de haulte futaye, moulin, fiefz, sujects
et debvoirs, avec droict de justice pour s'en faire obéir ;
pour raison de quoy, il me doibt cent sols de rente ou
debvoir, avec plège, gage et obéissance.

Item. — Mre Bertrand de Mégaudaye, chevallier, seigneur de Marolles, conseiller en vostre cour des Aydes
à Paris, relève de moy, à foy et hommage lige, sa terre
de Marolles [3] ; pour raison de quoy, il me doibt plège,
gage et obéissance.

Item. — Damoiselle Marie Richard, veuve Philippes
Troisverletz, relève de moy, à foy et hommage lige, sa
terre et seigneurie de Coulonges [4] dommaines, moulins,
fiefz et debvoirs, avec basse justice foncière, scituée en
la parroisse de Saint-Fraimbault ; pour quoy, elle me
doibt soixante sols de taille ou debvoir féodal, nommé
« la taille aux Chevalliers » [5].

Item.— Les propriétaires de la terre, fief et seigneurie
de la Chauvinière me doibvent, à cause de ladicte terre et
ses dépendances, foy et hommage et tous autres debvoirs.
ordinaires et accoustumés.

Item. —Michel Larsonneau, sieur des Chalouzières,
tient de moy, à foy et hommage lige, comme père et

(1) La Motte-Boudier, en Contest.
(2) La Cicorie, en Saint-Germain-le-Guillaume.
(3) Marolles, paroisse de Larchamp.
(4) Coulonges, paroisse de Saint-Fraimbault-de-Prières.
(5) La taille aux Chevaliers était un droit qui se levait sur les chevaliers
qui ne servaient point (V. *Dict. hist. de l'Ancien langage françois*, par La
Curne de la Sainte-Palaye).

tuteur naturel de ses enfants et de deffuncte damoiselle Marie Chevallier, le lieu et métairie de la Noë, scituéz en la parroisse de Vautorte : pour raison de quoy, il me doibt, en compagnie des autres codetempteurs du fief de la Noë-Loiselet, trois solz six deniers de debvoir féodal, au jour de Toussainctz [1].

Item. — Mre René Police, prebstre, et ses codetempteurs tiennent et relèvent de moy, à la mesme foy et hommage lige, le reste du fief de la Noë-Loiselet et terres en déppendantes ; pour raison desquelles, ils me sont solidairement obligéz audict debvoir de trois sols six deniers, payable audict jour de Toussainctz.

Item. — François de Vaumorin, escuier, est mon homme de foy lige, à cause de son fief de la Rouërye [2] subjects et debvoirs en déppendans, pour lequel il me doibt plège, gage et obéissance.

Item. — Mre Urbain Terrard, sieur de Perrouseau, conseiller en ma Barre ducalle de Mayenne, et ses cohéritiers et consorts relèvent de moy, à foy et hommage lige, les héritages deppendans de mon fief de la Mansionnière et Pillière [3], relèvant prochainement de mon duché par depié de fief ; pour raison de quoy, il me doibt neuf bouesseaux d'avoyne à l'Angevinne [4].

Item. — Mre François Trillon, prebstre, relève à foy et hommage lige son fief et dommaine des Préz, en Andouillé, pour lequel il me doibt subjection et obéissance.

Item. — Mre Pierre du Bailleul, chevalier, seigneur de Gorron, est mon homme de foy lige, à cause de ses fiefz de la Saulnerie et Bublière [5] et Gougeonnière [6] et

---

(1) V. *Archives municipales de Mayenne*. Aveux, tome I, page 157.

(2) La Rouairie ou Roirie, en Châtillon-sur-Colmont.

(3) Paroisses de la Bazoge-Montpinçon et de Moulay.

(4) V. *Archives municipales de Mayenne*. Aveux, tome III, page 417.

(5) Bublière (Beubelière), en Saint-Denis-de-Gastines.

(6) Gougeonnière, en Saint-Denis-de-Gastines.

rentes en froment de quatre-vingt-quatorze bouesseaux, en la parroisse de Saint-Denis; pour lesquels il me doibt plège, gage et autres droicts féodaux suivant la coustume.

Item. — Mre René de la Duffrie est mon homme de foy lige, à cause de son moulin et féage du Bas-Hambers [1], par depié de fief; pour lequel il me doibt plège, gage et obéissance [2].

Item. — Mre Jean Viel, sieur de Torbéchet, juge général civil de mon dict duché, est mon homme de foy lige, à cause de sa terre et seigneurie de Torbéchet [3], maison seigneurialle, dommaines, étangs, fiefz, moulin, hommes et debvoirs, avec justice foncière pour s'en faire obéir: pour raison de quoy, il me doibt quatre livres dix-sept sols au terme de Toussainctz, par chacun an, et quarante-sept sols de cens au mesme terme [4].

Item.—Mre René Lair, prebstre, official du Mans, relève de moy, à foy et hommage lige, ses fiefz et féages faisant partye de la composition de la Haye-sur-Coulmont [5] : pour raison desquels, il me doibt, par chacuns ans, au terme d'Angevinne, huict sols huict deniers de taille ou debvoir féodal [6].

Item. — Jacques Lenormand, escuier, sieur de la Couzinière, maistre des Eaues et Forrestz de mon duché, est mon homme de foy lige, à cause de sa seigneurie de la Chabossaye ou la Haye-Trossart [7], dommaines, fiefz, sujectz qui en dépendent : pour quoy, il me doibt plège, gage et obéissance.

Item. — Les propriétaires du lieu de la Criblerie, en

---

(1) Le Bas-Hambais, en Alexain.
(2) Voir *Archives municipales de Mayenne*. Aveux, tome III, p. 315.
(3) Torbéchet, paroisse de Saint-Georges-Buttavent.
(4) V. *Archives municipales de Mayenne*, Aveux, tome III, page 299.
(5) La Haie sur Colmont, paroisse d'Oisseau.
(6) V. *Archives municipales de Mayenne*, Aveux, tome I, page 259.
(7) La Chabossaie, paroisse de la Bazoge-Montpinçon.

Andouillé, me doibvent foy et hommage lige et tous autres debvoirs ordinaires et coustumiers.

Item. — Mre René du Tertre, chevallier, est mon homme de foy lige, à cause de son lieu et dommaine de la Ville, Limaudain [1] et ses deppendances : pour raison duquel, il me doibt cinq sols sept deniers et maille, de debvoir féodal, par chacun an, au jour de l'Angevinne, avec plège, gage et obéissance [2].

Item. — Germain Ricœur, sieur du Basmont, est mon homme de foy lige, à cause de sa terre de Mont ou Bas-Mont [3], dommaines, fiefz, hommes et debvoirs, avec justice foncière pour s'en faire obéir : pour raison de quoy, il me doibt quarante-six sols de taille ou debvoir féodal, appelé « la taille aux Chevalliers » et trente-cinq hoguins d'avoyne faisant vingt-quatre bouesseaux à ma mesure de Mayenne, le tout au terme d'Angevinne, et un charroy de bois de ma forrest à mon chasteau, pour la souche de Noël [4].

Item. — Mre Jean Gastin, sieur des Provostières [5], mon advocat général de mon dict duché, est mon homme de foy lige, à cause de sa terre et seigneurie d'Hierré [6], dommaines, fiefz, hommes et debvoirs : à raison de quoy, il me doibt treize sols quatre deniers de debvoir, appellé « la taille aux Chevalliers » et cinquante quatre bouesseaux d'avoyne à ma mesure de Mayenne, le tout au terme d'Angevinne.

Item. — Mre François Pouyvet, sieur des Barres, juge criminel de mon dict duché, est mon homme de foy lige, à cause de sa seigneurie des Barres, fief de Rouesson,

---

(1) Ville-Limaudin, paroisse de Martigné.
(2) V. *Archives municipales de Mayenne,* Aveux, tome I, page 213.
(3) Le Bas-Mont, en Moulay.
(4) V. *Archives municipales de Mayenne,* Aveux, tome III, page 343.
(5) Les Provôtières, en Parigné.
(6) Hierré, en Oisseau.

hommes, subjectz et debvoirs, avec justice pour s'en faire obéir : pour raison de quoy, il me doibt quatre sols de debvoir féodal, nommé « la taille aux Chevalliers ».

Item. — M⁰ᵉ Urbain Terrard, sieur de Perrouseau, est mon homme de foy lige, à cause de son lieu et dommaine de la Bazoge de Montpinçon : pour raison duquel, il me doibt quatre sols de taille ou debvoir féodal, appelé la « taille aux Chevalliers », et quatre bouesseaux et demi d'avoyne à ma mesure de Mayenne, le tout au terme d'Angevinne.

Item. — Mʳᵉ René Lefebvre, sieur du Roseray, est mon homme de foy lige, à cause de son dommaine de Lassierre [1], pour lequel il me doibt plège, gage et obéissance.

Item. — Mʳᵉ René Garnier, sieur de Fontenay, est mon homme de foy lige, à cause de ses fiefz et féages de Saint-Victor [2], pour lesquelz il me doibt huict sols de taille ou debvoir féodal, au mesme terme.

Item. — Mʳᵉ René Lefebvre, sieur de Loyère, est mon homme de foy lige, à cause du fief et dommaine des Picquaines [3] et de la Chogonnière [4] et sujectz en deppendant : pour raison duquel, il me doibt plège, gage et obéissance.

Item. — Mʳᵉ Pierre Damourette, prebstre, curé de Chastillon, est mon homme de foy lige, à cause de sa terre et seigneurie du Passouer [5], scituée en la parroisse de Chastillon, dommaine, fiefz, sujectz, hommes et debvoirs, avec justice foncière : pour raison de quoy, il me doibt une paire de gands, au jour de la Toussainctz [6].

(1) L'Assière, en Mayenne.
(2) Saint-Victor, paroisse d'Aron.
(3) Les Picanes, en Saint-Denis-de-Gastines.
(4) La Chaugonnière, paroisse de Saint-Denis-de-Gastines.
(5) Le Passoir, en Châtillon-sur-Colmont.
(6) V. *Archives municipales de Mayenne*, Aveux, tome I, page 23.

Item. — Mre de Vahaye, escuier. Ses cohéritiers tiennent et relèvent de moy, à foy et hommage lige, la terre et seigneurie de la Rouveraye[1], dommaines, fiefz, hommes et debvoirs, avec justice foncière pour s'en faire obéir : pour raison de quoy, ils me doibvent cinquante-trois sols quatre deniers et une paire de gands blancs, au jour et feste de Nostre-Dame Angevinne [2].

Item. — Mre René Gaudin, sieur de Berron [3], président en votre Eslection de Mayenne, est mon homme de foy lige, à cause des dommaines, fiefz et appartenances de Villette, avec justice foncière pour se faire obéir de ses debvoirs : pour quoy, il me doibt deux sols six deniers de taille ou debvoir féodal, au terme d'Angevinne [4].

Item. — Mre Geslin, prebstre, relève de moy, à foy et hommage lige, son lieu et dommaine de la Goronnière, scitué en la parroisse de Parigné : pour raison de quoy, il me doibt subjection et obéissance, sans préjudice des autres debvoirs.

Item. — Jacques Duchesnay, escuier, est mon homme de foy lige, à cause de sa terre et seigneurie de Crappon [5], dommaine, fiefz, hommes et debvoirs, avec justice foncière pour s'en faire obéir, et me doibt quatre sols cinq deniers de taille ou debvoir féodal et cent quatre bouesseaux d'avoyne, le tout au terme d'Angevinne [6].

Item. — Mre Pierre Noury, prebstre, est mon homme de foy lige, à cause de sa terre de la Rigaudière et moulin de Valory, scitués en la parroisse de Martigné, avec les dixmes inféodées en deppendantes : pour raison de quoy, il me doibt plège, gage et obéissance [7].

---

(1) Le Rouveray, en Châtillon-sur-Colmont.

(2) V. *Archives municipales de Mayenne*, Aveux, tome I, p. 145.

(3) Béron, en Mayenne.

(4) V. *Archives municipales de Mayenne*, Aveux, tome I, p 159.

(5) Crapon, paroisse de Placé.

(6) V. *Archives municipales de Mayenne*. Aveux, tome I, page 121.

(7) V. *Archives municipales de Mayenne*, Aveux, tome I, page 171.

Item. — Michel Le Cornu est mon homme de foy lige, à cause du dommaine et fief d'Augeard, en Saint-Fraimbault; pour raison duquel, il me doibt une paire de gands, au terme d'Angevinne, et vingt bouesseaux d'avoyne à ma mesure [1].

Item. — René Chevallier de Blozé, procureur, est mon homme de foy lige, à cause de ses fiefz et féages de la Houssaye, scituéz en la parroisse de la Bazoge [2] et autres circonvoisines; pour lesquels, il me doibt subjection et autres debvoirs.

Item. — Mre François Martin est mon homme de foy simple, à cause de son fief de la Tricottière [3] aliàs La Pennetrie : pour raison de quoy, il me doibt plège, gage et obéissance; le dict fief scitué en la parroisse de Saint-Martin [4].

Item. — René Viau, sieur de la Fontaine, est mon homme de foy lige, à cause de son fief du Mesnil ou autrement le fief d'Auvers, hommes et debvoirs, en deppendans; pour lesquels, il me doibt aussy subjection, sans préjudice d'autres debvoirs.

Item. — Mre René Le Bourdais, sieur de Fresnay, tient et relève de moy, à foy et hommage lige, son fief de la Trotterie, duquel dépend quelques maisons et héritages scituéz en ma ville de Mayenne ; la mouvance duquel fief avoit esté autres fois donnée par mes prédécesseurs à l'abbaye de Fontaine-Daniel et est présentement réunie à mon dict duché, par le moyen de l'eschange fait avec les religieux de la dicte abbaye : pour raison duquel fief, il m'est deub plège, gage et obéissance.

Item. — Mre Philippes Cheval, sieur de la Chauguinière [5], est mon homme de foy lige, à cause de la mai-

---

[1] V. *Archives municipales de Mayenne*. Aveux, tome I, page 188.

[2] La Bazoge-Montpinçon.

[3] La Tricottière, en Mayenne.

[4] V. *Archives municipales de Mayenne*. Aveux, tome III, page 365.

[5] Philippe Cheval était receveur des tailles de l'Election de Mayenne.

son du Lyon-d'Or, scituée dans la rue de Baudais, en ma dicte ville de Mayenne, pour laquelle il me doibt deux sols de debvoir féodal [1].

Item. — Les héritiers de feu Mre François Blanchet, sieur de la Pavière, prebstre, tiennent et relèvent de moy, à foy et hommage lige, une maison scituée au hault de ma ville, prèz la porte Saint-Laurens [2]; la dicte maison nommée « la Maison-Blanchet » : pour raison de quoy, ils sont obligéz de contribuer au debvoir de quarante-cinq sols appellé « la taille emage [3] », à moy deube par les maisons de ma dicte ville de Mayenne.

Item. — Les héritiers feu René Blanchet, sieur du Plessis, relèvent aussy de moy, à foy et hommage, une autre maison du mesme nom, scituée en ma dicte ville de Mayenne, proche la précédente, et sont aussy contribuables au mesme debvoir de la « taille émage ».

Item. — Le propriétaire de la sergentize fieffée de Bays et Champgenéteux et Couptrain relève de moy le dict office, à foy et hommage lige, et est obligé de me faire payer et obéir des tailles à moy deubes par mes hommes de foy cy-dessus déclaréz.

(1) V. *Archives municipales de Mayenne.* Aveux, tome III, p. 291. L'hôtellerie du Lion d'Or appartint successivement à : 1° Anne du Parc, veuve de Jean Pottier, sieur de la Quentinière (1687) ; 2° Jacques Girard, sergent royal, et Françoise Valleray, sa femme (1700) ; 3° Jean Bordeau, hôte, et Renée Lelièvre, sa femme (1702) ; 4° Daniel Lesueur-Barochaś et Jeanne Manceau, sa femme ; 5° Renée Lesueur, épouse de Jean Frangeul, tanneur (1762) ; 6° Anne-Jeanne Lesueur, épouse de Charles Mahé (1779) ; 7° René Chevrinais, hôte, et Renée Gallet, sa femme (1787).

(2) La porte Saint-Laurent était aussi appelée : 1° *Porte Saint-Antoine*, parce qu'elle se trouvait au bout de la rue de ce nom ; 2° *Porte Saint-Vincent*, de ce qu'elle était construite sur la place Saint-Vincent. On conserve dans une niche extérieure de la maison située dans l'angle nord-ouest, formé par la rue Saint-Antoine et la place Saint-Vincent, une statuette de Saint-Laurent, diacre.

(3) La taille emage devait être, à Mayenne, une contribution exigée du seigneur en exemption du Guet. Ailleurs on appelait ainsi un ancien droit seigneurial perçu sur le sel.

Item. — Mon sergent fieffé de ma Baillée de Mayenne tient ledict office, à foy et hommage lige, et est obligé de me faire payer de parties des dictes tailles et de faire les diligences pour faire imposer, par trois bourgeois de ma ville de Mayenne, les quarante-cinq sols de « taille emage » qui m'est deube sur les maisons de ma dicte ville, et d'avoir soing de faire fournir l'exécuteur de la haulte justice pour la punition des malefaiteurs.

§ 2. — *S'ensuit le desnombrement des terres et sei-gneuries relevantes, à foy et hommage, de mon dict duché, par le moyen de ma dicte chastellenie d'Ernée.*

Item. — M^ro André marquis du Plessis-Chastillon relève, à foy et hommage lige, sa terre et seigneurie de Monguerré [1], consistant en sa maison seigneurialle, dommaines, bois de haulte fustaye et taillis, estangs, moulins, fiefz, hommes et debvoirs : pour raison de quoy, il me doibt plège, gage et obéissance.

Item. — Mre Hyacinthe de Quatrebarbe, chevallier, marquis de la Rongère, est mon homme de foy lige, à cause de sa terre de Boisbéranger et la Censive [2], con-sistant en sa maison seigneurialle, dommaines, boys de haulte fustaye, estangs, moulins, fiefz, vassaux et debvoirs : pour raison de quoy, il me doibt, par an, vingt-cinq sols et quarante et huit sols, de debvoir féodal, au terme d'Angevinne [3].

Item.— Mre Charles comte de Frouslay, mareschal de vos camps et armées, est mon homme de foy lige, à cause de sa terre et seigneurerie de la Bilheudière et Gastin-

(1) Montguerré, paroisse de Montenay.
(2) Le Bois-Bérenger et la Censive, paroisse de Saint-Denis-de-Gastines.
(3) V. *Archives municipales de Mayenne.* Aveux, tome III, page 85.

nes [1], consistant en la maison seigneurialle, dommaine de Gastines, dommaine de Launay [2], fiefz, hommes et debvoirs, pour l'obéissance desquelz, il a justice foncière : pour raison de quoy, il me doibt trente-deux sols de debvoir en l'Angevinne [3].

Item. — Ledict comte de Frouslay relève, sous la mesme foy et debvoir, les seigneuries de Launay et me doibt plège, gage et obéissance.

Item. — Ledict sieur comte de Frouslay relève, à une autre foy et hommage lige, son office de sergent fieffé de Gastinnes, qui est le droict de me nommer pour sergent un homme capable, et me doibt plège, gage et obéissance.

Item. — Mre François Adheymard de Monteil, chevallier, comte du Grignan, garde noble de ses enfans, issus de luy et de deffuncte dame Angélique d'Angenne, relève de moy, à foy et hommage lige, la terre et seigneurie de Daviet [4], dommaines, fiefz, vassaux et debvoirs, avec justice pour s'en faire obéir : à raison de quoy, il me doibt plège, gage et autres droicts à moy attribuéz par lesdictes coustumes, le cas advenant.

Item. — Mre Nicolas Bruslard, conseiller en vos conseils, premier président en vostre Cour de Parlement de Dijon, relève à foy et hommage lige sa terre et seigneurie de Vautorte, maison seigneurialle, dommaines, préz, bois, estangs, fiefz, hommes et debvoirs, avec justice foncière : pour raison de quoy, il me doibt quinze sols de taille ou debvoir féodal et à disner à mon forrestier lorsqu'il le va advertir du temps que l'on fauche ma lande de Savigné [5].

---

(1) La Bilheudière et Gastines, paroisse de Saint-Denis-de-Gastines.

(2) L'Aunay, paroisse de Saint-Denis-de-Gastines.

(3) V. *Archives municipales de Mayenne*, Aveux, tome III, page 307.

(4) Daviet, paroisse de Saint-Hilaire-des-Landes.

(5) V. *Archives municipales de Mayenne*, Aveux, tome I, page 180.

Item. — Mre Urbain de l'Espronnière, chevallier, seigneur dudict lieu, est mon homme de foy lige, à cause de sa terre et seigneurie de Courteille [1], maison, dommaine, estangs, moulins, fiefz, hommes et debvoirs, avec justice foncière sur iceulx : pour raison de quoy, il me doibt une paire de gands blans, qu'il prétend abonnés à six deniers, sans néanmoins que la déclaration que je fais dudict abonnement me puisse préjudicier [2].

Item. — Mre Jacques de Fontenailles, chevallier, seigneur d'Ivoy, est mon homme de foy lige, à cause de sa terre et seigneurie de Méhubert, en Charné [3], consistant en maison, dommaine, fiefz, hommes et debvoirs : pour raison de quoy, il me doibt les trois quarts d'un bouesseau d'avoyne, à ma mesure d'Ernée, au terme d'Angevinne [4].

Item. — Ledict sieur d'Ivoy me doibt, à cause de sa terre de Carelles, quarante-cinq sols de debvoir féodal.

Item. — Guillaume Chouet, escuier, président au bureau de vos trésoriers, à Tours, relève aussy, à foy et hommage lige, pour sa seigneurie et terre de Corbon [5], fiefz et dommaines, avec son office de sergent, appelé « le sergent de Corbon », et justice foncière : pour raison de quoy, il me doibt, au terme d'Angevinne, une paire de gands blancs.

Item. — Dame Marie de Vauclin tient et relève de moy, à foy et hommage lige, sa terre et seigneurie de La Pellerinne, dommaine, bois taillis, moulins, hommes, fiefz et debvoirs, avec justice foncière pour s'en faire obéir, et me doibt plège, gage et obéissance.

Item. — Mre René Godard, chevallier, sieur de Villiers,

---

(1) Courteille, paroisse de Juvigné-des-Landes.
(2) V. *Archives municipales de Mayenne*, tome I, page 35.
(3) Aujourd'hui commune d'Ernée.
(4) V. *Archives municipales de Mayenne*, Aveux, tome III, p. 317.
(5) Corbon, paroisse de la Bigottière.

est mon homme de foy lige, à cause de ses fiefz et seigneurie de la Forrest-le-Guillaume [1], hommes et debvoirs en deppendant, avec justice foncière : pour raison de quoy, il me doibt plège, gage et obéissance.

Item. — Mre Jean de Couasnon, escuier, est mon homme de foy lige, à cause de sa terre de la Barillère [2], maison seigneurialle, dommaines et moulins, bois taillis, fiefz et debvoirs, avec justice foncière : pour raison de quoy, il me doibt vingt sols en argent et douze bouesseaux d'avoyne, mesure d'Ernée, faisant partye de quatre livres cinq sols en argent et soixante - deux bouesseaux d'avoyne, qui estoient payés au sieur de Charné-Bazeille qui me les rapportait auparavant de la réunion de ladicte terre de Charné à mon duché auquel tout ledict debvoir est présentement deub ; laquelle avoyne ledict de Couasnon prétend estre abonné à quinze sols le bouesseau, sans division du debvoir [3].

Item. — Ledict de Couasnon relève de moy, à foy et hommage lige, par depié de fief, son moulin Ory [4], scitué en la parroisse de la Croixille et choses en deppendantes : pour raison de quoy, il me doibt subjection et obéissance.

Item. — Ledict de Couasnon est mon homme de foy lige, à cause d'une maison manable appellée la Maison-Grande de la Croixille aliàs La Salle, et ce par depié de fief [5].

Item. — Ledict de Couasnon relève de moy, à foy et hommage lige, ses fiefs et féages, scitués au bourg de la Croixille et environs d'icelluy, avec justice foncière simple, vairie sur iceux : pour raison de quoy, il me

---

(1) La Forêt-le-Guillaume, paroisse d'Andouillé.
(2) La Barillère, paroisse de la Croixille.
(3) V. *Archives municipales de Mayenne*. Aveux, tome I, page 201.
(4) Moulin-Oury, paroisse de la Croixille.
(5) V. *Archives municipales de Mayenne*. Aveux, tome I, page 199.

doibt plège, gage et autres droicts à moy appartenant par lesdictes coustumes [1].

Item.—Mᵉ Bertran de Mégaudaye, chevallier, seigneur de Marolles, conseiller en votre Cour des Aydes, à Paris, est mon homme de foy lige, à cause de ses fiefz des Salles, Bourde et Touchet, en Dompierre [2], pour lesquelz il me doibt cinquante-huit bouesseaux, à ma mesure d'Ernée, et vingt-cinq sols en argent, qu'il payait au seigneur de Charné pour les reporter à mon dict duché, auparavant que la dicte terre y fust réunie ; depuis laquelle réunion, il me doibt directement payer les dicts debvoirs.

Item. — Le dict sieur de Marolles, à cause de sa seigneurie de Touchet, moulins du mesme nom, de la Dinaye [3] et autres choses en deppendantes, me doibt foy et hommage lige et autres debvoirs ordinaires et coustumiers et la contribution solidaire de la dicte seigneurie au debvoir de vingt-cinq sols de taille deub par le lieu et dommaine de la Lis cy-après déclaré.

Item. — Jean de Chaslus, escuier, est mon homme de foy lige, à cause de sa terre et seigneurie de la Besnehardière [4], dommaines, fiefz, hommes et debvoirs : pour raison de quoy, il me doibt subjection et obéissance, sans préjudice des autres debvoirs ordinaires et coustumiers.

Item. — Le dict de Chaslus est mon homme de foy lige, à cause de sa terre et seigneurie de Fresnay [5], fiefz, sujects et choses en deppendantes : pour raison de quoy, il me doibt subjection et obéissance, sans préjudice des autres debvoirs ordinaires et coustumiers.

---

(1) V. *Archives municipales de la Mayenne.* Aveux, tome I, page 207.

(2) Dompierre, ou Saint-Pierre-des-Landes.

(3) La Dinaie, en Saint-Pierre-des-Landes.

(4) La Besnardière, en Saint-Hilaire-des-Landes.

(5) Fresnay, paroisse du Bourgneuf-la-Forêt.

Item, — Le dict de Chaslus est mon homme de foy lige, à cause de sa seigneurie et féage de la Cailtière [1], pour laquelle il me doibt subjection et obéissance, sans préjudice des autres droicts ordinaires et coustumiers.

Item. — Ledict sieur de Chaslus relève de moy, à foy et hommage lige, pour le fiefz de la Bruère [2], en la Croixille : pour raison de quoy, il me doibt subjection et obéissance, sans préjudice des autres debvoirs ordinaires et coustumiers.

Item. — Le dict sieur de Chaslus, tant en privé nom que comme créancier des enfans de deffunct François Cousin, tient à foy et hommage lige la seigneurie de la Dinaye : pour raison de quoy, il m'est deub sujection et obéissance, sans préjudice des autres debvoirs coustumiers.

Item. — M⁣ʳᵉ René Le Bourdais, sieur de Fresnay, est mon homme de foy lige, à cause de certains héritages scituéz au bourg de la Croixille et environs.

Item. — Les doyens, chanoines et chappitre de l'église Saint-Julien du Mans relèvent de moy, à foy et hommage simple, la terre et seigneurie de Montenay, dommaines, fiefz, vassaux et debvoirs : pour raison de quoy, ils me doibvent quatorze livres dix-neuf sols huict deniers de taille ou debvoir féodal à l'Angevinne [3].

Item. — Pierre Rebuffé, sieur du Bailleul, relève de moy, à foy et hommage lige, ses dixmes inféodées de la Croixille, pour raison desquelles, il me doibt douze sols six deniers de taille ou debvoir féodal et quinze bouesseaux d'avoyne à ma dicte mesure d'Ernée, qui estoient poyéz au seigneur de Bazeille pour me les rapporter auparavant la réunion de la dicte terre à mon duché,

---

(1) La Cailletière, paroisse du Bourgneuf-la-Forêt.
(2) La Bruyère.
(3) V. *Archives Municipales de Mayenne*. Aveux, tome I, page 97.

auquel présentement il doibt payer directement, au dict terme d'Angevinne [1].

Item. — Daniel Dubois, président à vostre Grenier à sel de Mayenne, est mon homme de foy lige, à cause des fiefz de la Massonnaye, de Montenay, subjects, hommes et debvoirs en deppendans, avec justice foncière pour s'en faire obéir.

Item — Les propriétaires du fief de la Tranchée, scitué en ma ville d'Ernée, me doibvent foy et hommage lige et les deux tiers d'un double, de debvoir féodal.

Item. — Les propriétaires du dommaine du Désert, en Dompierre, me doibvent, à cause dudict dommaine et ses deppendances, foy et hommage lige, sans préjudice des autres debvoirs ordinaires et coustumiers.

Item. — Mre René Le Bouteiller, chevallier, seigneur des Blerrons, est mon homme de foy lige à cause de sa terre et seigneurie de la Haulte-Salle[2], en Dompierre, et me doibt vingt sols en argent et vingt-huit bouesseaux d'avoyne, à ma dicte mesure d'Ernée.

Item. — Mre Charles de la Corbière, chevallier, seigneur de Besnichère, est mon homme de foy lige, à cause de sa terre de la Boutonnaye, maison et dommaine ; pour raison de quoy, il me doibt une paire de gands au jour de Toussainctz ; la dicte terre scituée en la parroisse de Juvigné [3].

Item. — Le dict sieur de la Besnichère est mon homme de foy lige, à cause de son dommaine de Chastenay-Cornesse [4], moulins et choses en deppendantes ; pour raison de quoy, il me doibt dix sols de debvoir au

(1) V. *Archives municipales de Mayenne.* Aveux, tome I, page 195.
(2) La Haute-Salle, paroisse de Saint-Pierre-des-Landes.
(3) V. *Archives municipales de Mayenne.* Aveux, tome III, page 331.
(4) Chastenay-Cornesse, paroisse de Juvigné-des-Landes.

terme d'Angevinne, qu'il payait au seigneur de Bazeille pour me rapporter auparavant la dicte réunion.

Item. — Le dict de la Corbière est mon homme de foy lige, à cause de son fief et dommaine de Chastenay, en la dicte parroisse de Juvigné; pour raison duquel, il me doibt sept sols de debvoir féodal, qu'il payait aussy au seigneur de Bazeille pour me les porter avant la dicte réunion [1].

Item. — Les propriétaires du lieu et dommaine de la Gervouazère, en la parroisse de Juvigné, me doibvent, à cause du dict lieu, foy et hommage lige, sans préjudice des autres debvoirs ordinaires et coustumiers.

Item. — Les propriétaires du lieu de Malibert, en Juvigné, me doibvent, à cause d'icelluy, foy et hommage lige, sans préjudice d'autres debvoirs ordinaires coustumiers.

Item. — Les propriétaires des terres des Morihennayes [2] qui ont autres foys sorti du dict fief de Chastenay-Beuves [3], les relèvent de moy, aussy à foy et hommage lige et aux charges de tous autres droicts seigneuriaux [4].

Iem. — Dame Gillette du Mas, femme civillement séparée quant aux biens d'avec Mre René Le Levrault, chevallier, son mari, relève de moy, soubz deux foys et hommages liges, les fiefz de Couhourou et de la Hamelinaie [5] et me doibt quinze sols de taille et debvoir féodal, au terme d'Angevinne [6].

Item. — Ledict Jean de Couasnon, escuier, sieur de la Barillière, relève aussy de moy, à foy et hommage lige,

---

(1) V. *Archives municipales de Mayenne*. Aveux, tome III, page 407.

(2) La Morinaie, en Saint-Pierre-des-Landes.

(3) Chastenay-Beuves, paroisse de Juvigné-des-Landes.

(4) V. *Archives municipales de Mayenne*. Aveux, tome III, page 403.

(5) Couhouroux et La Hamelinaie, paroisse de Saint-Pierre-des-Landes.

(6) V. *Archives municipales de Mayenne*. Aveux, tome III, page 371.

ses fiefz de Frouslay aliàs de Raiseux [1], subjects et debvoirs avec justice foncière sur iceulx ; pour lequel il me doibt plège, gage et obéissance.

Item. — Gilles de Chaslus, escuier, sieur de la Braudaye, est mon homme de foy lige, à cause de sa sergentize appelée « l'Honneur de Changé ou de la Béliardière », qui est le pouvoir de me nommer un sergent, homme capable : pour raison de quoy, il me doibt subjection et obéissance, sans préjudice des autres debvoirs ordinaires et coustumiers [2].

Item. — Me Jean Dubois, prebstre, et consorts relèvent de moy, à foy et hommage lige, par madicte chastellenie d'Ernée, le lieu et dommaine du Bas-Mézeray aliàs la Métairie, aux charges des droicts seigneuriaux, le cas advenant.

Item. — Les propriétaires des fiefz et seigneuries de Désert me doibvent foy et hommage lige et tous autres debvoirs ordinaires et coustumiers.

Item. — Les enfans mineurs de François Guyon et deffuncte Guilleminne Godin tiennent de moy, à foy et hommage lige, la terre et seigneurie de la Pihoraye, dommaine, fiefz et debvoirs, avec justice foncière pour s'en faire obéir, aux charges de tous droicts seigneuriaux, suivant les dictes coustumes.

Item.— Pierre Clouet, sieur de Lalis, est mon homme de foy lige, à cause de son dict lieu et dommaine de Lalis [3] et ses deppendances : pour raison de quoy, il me doibt vingt-cinq sols de debvoir féodal, au terme d'Angevinne [4].

Item. — Les enfans et héritiers de deffunct Jean Hardy relèvent de moy, à foy et hommage lige, le lieu et

[1] Raizeux, en Juvigné-des-Landes.

[2] V. *Archives municipales de Mayenne*, Aveux, tome I, page 193.

[3] La Lice, en Saint-Pierre-des-Landes.

[4] V. *Archives municipales de Mayenne*, Aveux, tome III, page 287.

dommaine de la Tousche-Matignon [1], pour lequels ils me doibvent sept sols six deniers en argent et six bouesseaux d'avoyne comblés et foullés, à ma mesure d'Ernée, au terme d'Angevinne : lequel debvoir estoit payé au seigneur de Charné-Bazeille pour le rapporter auparavant la réunion de la dicte terre à mon duché [2].

Item. — Marie Mondière relève de moy, par ma dicte chastellenie d'Ernée, à foy et hommage lige, le lieu et dommaine de la Haulte-Fesselle [3], en la Baconnière : pour quoy, elle me doibt subjection et obéissance [4].

Item. — Gillonne Le Gay relève de moy, à foy, par madicte chastellenie, les fiefz de Bourg-Petier, la Bourgeonnière, les Mézerayes, Espiers et Monseaux [5], avec les subjects et debvoirs qui en deppendent : pour raison de quóy, elle me doibt huict solz par une part, et cinq solz par autre, de taille ou debvoir féodal, au terme d'Angevinne ; lequel debvoir estoit payé à Charné, pour me le rapporter auparavant la dicte réunion [6].

Item. — Les propriétaires des bois de la Fesselle me doibvent foy et hommage lige et tous autres debvoirs coustumiers.

Item. — Les propriétaires des fiefz et seigneurie de Villiers, en la parroisse de Launay, me doibvent foy et hommage lige, pour raison des dicts fiefz et seigneuries.

Item. — André Le Jariel, sieur de la Devison, est mon homme de foy lige, à cause de son lieu et dommaine de

---

(1) La Tousche-Matignon, paroisse de la Croixille.

(2) V. *Archives municipales de Mayenne*, Aveux, tome I, page 117.

(3) Fesselle ou Fresselle.

(4) V. *Archives municipales de Mayenne*, Aveux, tome I, page 125.

(5) Ces fiefs faisaient partie de la composition de la terre et seigneurie de Panard.

(6) V. *Archives municipales de Mayenne*. Aveux, tome I, page 141.

la Devison [1] : pour raison duquel, il me doibt plège, gage et obéissance et autres droicts seigneuriaux.

Item. — Le dict Le Jariel relève de moy, à foy et hommage lige, les fiefz d'Averton et des Baris, avec leurs deppendances : pour raison de quoy, il me doibt plège, gage et obéissance, sans préjudice des autres debvoirs ordinaires et coustumiers.

Item. — Mathurin Charil est mon homme de foy lige, à cause de son lieu et dommaine de Boisguyet [2] : pour raison duquel, il me doibt dix sols six deniers et huict bouesseaux d'avoyne comblés et foullés, qu'il payoit à Charné pour me les rapporter auparavant la dicte réunion [3].

Item. — Nicolas du Verger, escuier, est mon homme de foy lige, à cause de son fief de la Guérettière [4], parroisse du Bourgneuf, pour lequel il me doibt subjection et obéissance [5].

Item. — Les héritiers de deffunct Mainfray Gendrie relèvent de moy, à foy et hommage lige, le pré aliàs l'estang du Vivain [6] : pour raison de quoy, ils me doibvent plège, gage et obéissance et tous autres debvoirs ordinaires et coustumiers.

Item. — Les enfans et héritiers de deffunct Jean Le Jariel relèvent de moy, à foy et hommage lige, un emplacement nommé les Chasteletz, scitué en ma ville d'Ernée, pour lequel ils me doibvent une paire de gands estimée à cinq solz [7].

Item. — Jean Gasselinaye est mon homme de foy lige, à cause d'une maison, nommée la Maison-Laurens, court

(1) La Devison, paroisse d'Ernée.
(2) Le Bois-Guet, en la Croixille.
(3) V. *Archives municipales de Mayenne*. Aveux, tome I, page 155.
(4) La Guérettière ou Guérelterie.
(5) V. *Archives municipales de Mayenne*, Aveux, tome I. page 255.
(6) Vivain, paroisse de Juvigné-des-Landes.
(7) V. *Archives municipales de Mayenne*, Aveux, tome III, page 285.

et jardin en deppendant, sciluéz en ma ville d'Ernée :
pour raison de laquelle, il doibt contribuer au payement
de la rente féodale de douze livres appellée « la taille
d'Ernée », qui m'est deube annuellement sur les maisons
de la dicte ville d'Ernée.

Item. — Simon Forveille est mon homme de foy lige,
à cause d'une autre maison, joignant celle cy-dessus
pour laquelle il doibt contribuer au mesme debvoir.

Item. — Le propriétaire d'une autre maison nommée
la Maison-Lambert, en ma dicte ville d'Ernée, relève
aussy à foy et hommage lige, à cause de ma dicte chastellenie et doibt contribuer au mesme debvoir.

Item. — Le propriétaire de la sergentize fieffée, appelée
la « Grande Baillée d'Ernée », est mon homme de foy
lige, à cause du dict office et me doibt une paire de gands
blancs, par chacun an.

Item. — Le propriétaire de la rente de cent sols, sur la
prevosté d'Ernée, est mon homme de foy lige, à cause de
la dicte rente, pour laquelle il me doibt tous debvoirs
féodaux et coustumiers.

§ 3. — *S'ensuit le desnombrement des terres, fiefz et
seigneuries relevantes, à foy et hommage lige, du
dict duché par ma chastellenie de Pontmain.*

Premièrement. — Mre Jean des Vaux, chevallier, marquis de Levaré, premier lieutenant de votre grande vannerie, est mon homme de foy lige, à cause de sa terre et
seigneurie de Levaré, consistant en son chasteau et maison seigneurialle de Levaré, dommaines, moulins, préz,
liges, fiefz, subjects, vassaulx et debvoirs : à raison de
quoy, il me doibt, par chacuns ans, au terme d'Angevinne, vingt-deux sols de taille appelée « la taille aux
Chevalliers », quatre bouesseaux de froment rouge, me-

sure de Pontmain, et cinq bouesseaux à la mesure de
Gorron, au terme de Toussaincts, et huict jours et huict
nuictz de garde, par temps de guerre, en mon chasteau
du Pontmain, et me doibt plège, gage et obéissance [1].

Item. — Le dict sieur marquis de Levaré relève de
moy à foy, et hommage lige, sa terre et seigneurie du
Buron [2], dommaines, moulins, fiefz et debvoirs, avec
justice foncière : à raison de quoy, il me doibt et est tenu
faire huict jours et huict nuictz de garde en mon chasteau du Pontmain, en temps de guerre, garny d'un arc
de coudre et corde et d'un bourdon, avec plège, gage et
obéissance [3].

Item. — Mre François de Rommilly, chevallier, marquis de Rommilly et Chesnelaye, est mon homme de foy
lige, à cause de sa terre et seigneurie de la lande de
Chanteil [4], pour laquelle il me doibt douze deniers de
debvoir féodal et tous autres debvoirs seigneuriaux et
féodaux.

Item. — Le dict sieur mârquis de la Chesnelaye relève de moy, à foy et hommage lige, le moulin, estang et
prairie du Pontmain avec ses subjects en deppendans :
pour quoy, il me doibt aussy douze deniers de debvoir
féodal.

Item. — Le dict sieur marquis est mon homme de foy
lige, par la mesme mouvance du Pontmain, pour les
estancheries estant au dessous de la chaussée du dict
estang ; à raison de quoy, il me doibt, au terme de Noël,
cinquante sols de debvoir féodal.

Item. — Le dict sieur marquis relève de moy, à une
autre foy et hommage lige, par la mesme mouvance,

(1) V. *Archives municipales de Mayenne*, Aveux, tome III, page 93.

(2) Le Buron, en Saint-Berthevin-la-Tannière.

(3) V. *Archives municipales de Mayenne*, Aveux, tome I, page 87. — Le mot
« bourdon » a eu le sens de flèche, lance, bâton.

(4) Chanteil, paroisse de Saint-Ellier.

l'emplacement, fonds, chasteau et bois du Pontmain : pour lequel il me doibt, au dict terme de Noël, la somme de soixante livres tournois de rente féodale.

Item. — Mre Jean de Goué, chevallier, baron de Villeneufve-la-Guyard, tient et relève de moy, à deux foys et hommages liges, ses terres et seigneuries de Fougerolles pour la première, et sa terre et seigneurie du Parc de Goué[1], avec son office de sergent, pour la seconde, avec les dommaines, bois, moulins, préz, fiefz, hommes et debvoirs, sur lesquels il prétend avoir haulte, moyenne et basse justice, laquelle ne lui appartient néantmoins que pour la tenue de ses plaidz et obéissance de ses debvoirs : pour raison de quoy, il me doibt, au terme d'Angevinne, neuf livres de taille ou debvoir féodal; est en outre obligé de me faire obéir des debvoirs qui me sont deubz par mes autres vassaux du Pontmain et à la garde de mon chasteau du dict lieu ou de la tour de mon chasteau de Mayenne, à mon choix, luy et ses gens d'armes fournis et équipéz d'armes et chevaux [2].

Item. — Ledict de Goué est mon homme de foy lige, à cause de sa terre et seigneurie de la Prevostière[3], maisons, dommaines, fiefz, hommes et debvoirs, avec justice foncière : à raison de quoy, il me doibt plège, gage et obéissance.

Item. — Mre Charles de la Hautonnière, chevallier, est mon homme de foy lige, à cause de sa terre, seigneurie de Montaudin, consistant en son chasteau, dommaines, estangs, moulins, fiefz, hommes et debvoirs, avec justice foncière [4].

Item. — Ledict de la Hautonnière relève de moy, soubz

---

(1) Goué, paroisse de Fougerolles.

(2) V. *Archives municipales de Mayenne*, Aveux, tome III, page 373.

(3) La Provôtière, en Fougerolles.

(4) V. *Archives municipales de Mayenne*. Aveux, tome III, page 401.

la mesme foy, ses fiefz des Blinières [1] et Antiquèlières [2]: pour raison desquels, il me doibt douze deniers de debvoir féodal, à l'Angevinne [3].

Item. — Mre Gilles des Nos, chevallier, est mon homme de foy lige, à cause de sa terre et seigneurie de Hemnard [4], consistant en maisons, dommaines, estangs, moulins, fiefz, hommes et debvoirs, avec moyenne et basse justice pour ses plaidz seullement: pour raison de quoy, il me doibt neuf livres deux sols de taille ou debvoir féodal, pour chacun an, au terme d'Angevinne, et me doibt faire huict jours et huict nuicts de garde à mon chasteau du Pontmain, garni d'un arc de coudre et corde et d'un bourdon.

Item. — Ledict des Nos, relève de moy, par une autre foy et hommage, les fiefz des Fresnayes, pour lesquels il me doibt toute subjection et obéissance.

Item. — Mre Pierre du Bailleul, chevallier, baron de Gorron, est mon homme de foy lige, à cause de sa terre et seigneurie de la Biardière [5], pour laquelle il me doibt toute subjection et droicts féodaux, le cas advenant.

Item. — La terre et seigneurie de la Vairie [6] consistant en maisons, dommaines, moulins, fiefz, hommes et debvoirs, avec justice foncière ; laquelle terre est en litige pour la propriété entre Guy de la Vairie, escuier, et Nicolas des Ormes et m'est deub, à cause de ladite terre, neuf livres douze sols de taille ou debvoir féodal, laquelle relève de moy à foy et hommage lige [7].

Item. — Mre Charles de Vauborel, chevallier, est mon homme de foy lige, à cause de la terre et seigneurie

(1) La Blinière, en Larchamp.
(2) Les Antiquelières, en Saint-Ellier.
(3) V. *Archives municipales de Mayenne*. Aveux, tome III, page 391.
(4) Hémanart, en Saint-Berthevin-la-Tannière.
(5) La Biardière, paroisse de Vieuvy.
(6) La Vairie, paroisse de Désertines.
(7) V. *Archives municipales de Mayenne*, tome I, page 263.

d'Astillé[1], maisons, dommaines, fiefz, hommes et debvoirs, avec justice foncière : pour raison de quoy, il me doibt plège, gage et obéissance[2].

Item. — Mre Julien du Bailleul, escuyer, est mon homme de foy lige, à cause de sa terre et seigneurie d'Orcisse[3], maisons, dommaines, fiefz, hommes et debvoirs : pour raison de quoy, il me doibt, au terme d'Angevinne, soixante-dix sols de taille ou debvoir féodal et vingt bouesseaux d'avoyne, à ma mesure de Pontmain, foullés et recomblés, et encore cinq sols de cens au jour de Noël[4].

Item.—Mre Pierre Galais, prebstre, est mon homme de foy simple, à cause de son dommaine de la Chantelière et lande Fautrel, parroisses de Saint-Elier et du Loroux, et me doibt une paire de gands blancs à la Toussaincts et quatre livres dix-sept sols en argent[5].

Item. — Mre Germain Le Limonier, escuier, conseiller en votre siége présidial de Rennes, est mon homme de foy lige, à cause de sa terre et dommaine et seigneurie du Lac, en Larchamp pour raison de quoy, il me doibt trente-trois bouesseaux d'avoyne à ma mesure de Pontmain, cent sols à la Chandeleur et pareille somme de cent sols à l'Angévinne, avec plège, gage et obéissance et tous autres debvoirs seigneuriaux et coustumiers.

(1) Les Astillées, en Saint-Ellier.
(2) V. *Archives municipales de Mayenne*, Aveux, tome III, p. 327.
(3) Orcisse, paroisse de Larchamp.
(4) V. *Archives Municipales de Mayenne*. Aveux, tome I , page 217.
(5) V. *Archives municipales de Mayenne*. Aveux, tome III, p. 3C5.

§ 4. — *S'ensuit le desnombrement des terres, fiefz et seigneuries relevantes, à foy et hommage, de mon dict duché, par le moyen de la réunion de la terre et seigneurie de Charné-Bazeille.*

Item. — Mre Charles comte de Frouslay relève de moy, par ma dicte terre de Charné-Bazeille, présentement réunie à mondict duché, sa terre et seigneurie de Mont-flaux, tant en fiefz qu'en dommaines, et me doibt trois livres quatre sols et cinquante bouesseaux d'avoyne, mesure d'Ernée, au terme d'Angevinne, avec foy et hommage simple.

Item. — Ledict sieur de Frouslay relève de moy, à foy et hommage simple, ses fiefz du Tremblay [1], par depié de fiefz de la terre du mesme nom, et est obligé de contribuer au debvoir de seize sols deubs par le detempteur des fiefz de la dicte terre du Tremblay.

Item. — Ledict sieur de Frouslay relève aussy de moy, par le mesme moyen, à foy et hommage simple, ses fiefz de la Bourgeonnière, la Gabetière et la Pissonnière, et me doibt vingt sols de debvoir féodal à l'Angevinne.

Item. — Les autres detempteurs des fiefz deppendant de la dicte terre du Tremblay relèvent de moy les dicts fiefz, ensemble le dommaine, soubz la mesme foy simple que le dict sieur de Frouslay, et sont contribuables solidairement avec luy audict debvoir de seize sols.

Item. — Mre Bertrand de Mégaudaye, chevallier, conseiller en vostre Cour des Aydes, à Paris, relève de moy, par le moyen de ma dicte terre de Bazeille, sa terre de Champlain [2], tant en fiefz que dommaines, à foy et hommage simple, et me doibt quatorze livres quatorze

(1) Tremblay, en Saint-Denis-de-Gastines.
(2) Champlain, paroisse de Saint-Pierre-des-Landes.

sols huict deniers et cinq cens bouesseaux d'avoyne à l'Angevinne, à ma mesure d'Ernée, desquelz bouesseaux ledict de Mégaudaye prétend qu'il y en a trente-trois amortis.

Item. — Ledict sieur de Mégaudaye relève de moy, par le mesme moyen, à une autre foy et hommage simple, partie de sa terre de Marolles. Le surplus de laquelle cy-dessus déclaré, relève prochainement de mon dict duché, par le desnombrement que je vous ay fait, mon souverain seigneur.

Les propriétaires du fief de la Davière relèvent de moy ledict fief, à foy et hommage simple, et par depié de fief.

Item. — Mre Jean Viel, sieur de Torbechet, juge général de mon dict duché et Mre David Lefebvre, sieur de la Valette, président au siége de vostre Eslection du Mans, relèvent de moy, à foy et hommage simple, partie du dommaine et appartenances de la Motte-Boudier, le surplus relevant prochainement de mondict duché, ainsy que je vous l'ay déclaré au desnombrement cy-dessus.

§ 5. — *Autres fiefz, terres et dommaines relevant, à foy et hommage simple, de madicte terre de Charné-Bazeille.*

Item. — Le lieu et dommaine de la Bouverie me doibvent sept livres de taille, au terme d'Angevinne.

Item. — Les fiefz des Bretonnières et de la Bouessière [1], par depié de fief de la dicte terre du Tremblay, doibvent contribuer au debvoir de seize sols dont il a esté parlé cy-dessus.

---

(1) La Boissière, en Ernée.

Item. — Les fiefz du Chesne et de Fougerolles me doibvent trente-sept sols six deniers, à l'Angevinne.

Item. — Une maison, près l'Aumosnerie, en la ville d'Ernée, sur laquelle il m'est deub cinq sols de debvoir féodal, avec contribution solidaire au debvoir des seize sols du Tremblay.

Item. — Les propriétaires des dommaines et fiefz du Grand et du Petit-Pennard relèvent de moy, à foy et hommage simple, et me donnent dix sols de debvoir féodal, au terme d'Angevinne.

Item. — Le propriétaire du lieu de la Rondelière [1] relève de moy, à foy et hommage simple, et me doibt, un denier debvoir féodal, au terme d'Angevinne.

Item. — Le propriétaire de quatre bouesseaux de froment, de rente, à prendre sur le lieu de la Bretonnière, relève de moy, à foy et hommage simple, laquelle rente a party du Tremblay.

Les propriétaires des fiefz de Livré [2] relèvent de moy, à foy et hommage simple, et me doibvent seize sols de debvoir féodal, au terme d'Angevinne.

Le propriétaire du fief de Bouessel [3] relève de moy, à foy et hommage simple, et me doibt dix sols de debvoir féodal, au terme d'Angevinne.

Le propriétaire de la terre de Raiseux relève de moy, à foy et hommage simple, et me doibt une paire d'esperons doréz de debvoir féodal, au terme d'Angevinne.

Item. — Les propriétaires des fiefz de la Brisardière et du Petit Lambaré [4], la Roussière [5], et la Mansardière [6] relèvent de moy, à foy et hommage simple et me doibvent douze sols quatre deniers et vingt-quatre

(1) La Rondellière, paroisse d'Ernée.
(2) Livray, paroisse d'Ernée.
(3) Bouessé, en Ernée.
(4) Le Petit-Lambarré, paroisse de La Croixille.
(5) La Roussière, paroisse de La Croixille.
(6) Probablement La Mangeardière.

bouesseaux d'avoyne, de debvoir féodal, au terme d'Angevinne.

Item. — Les propriétaires des fiefz de la Brimannière [1], deppendant de la chappelle Dinaye, relèvent de moy, à foy et hommage simple.

Item. — Les propriétaires des fiefz de Hermeillon [2] relèvent de moy, à foy et hommage simple, et me doibvent quatre sols de debvoir féodal, au terme d'Angevinne.

Item. — Les propriétaires des fiefz et féages de Lespine [3] relèvent de moy, à foy et hommage simple, et me doibvent quatre sols de debvoir féodal, au terme d'Angevinne.

Item. — Les detempteurs du lieu de la Cesmondière, deppendant du dict lieu de Lespine, relèvent de moy, à foy et hommage simple, et me doibvent quatorze bouesseaux d'avoyne de debvoir féodal, au terme d'Angevinne.

Item. — Les detempteurs du lieu de la Baudonnière [4], du mesme fief, relèvent de moy, à foy et hommage simple, et me doibvent quatorze bouesseaux d'avoyne, audict terme d'Angevinne, de debvoir féodal.

Item. — Les detempteurs du fief de la Houllerye [5], du fief Archoirs, du fief Torembère [6], relèvent de moy, à foy et hommage simple, et me doibvent vingt-cinq bouesseaux d'avoyne de debvoir féodal, audict terme d'Angevinne.

Item. — Les propriétaires de certains fiefz, au dedans de la parroisse de la Croixille, relèvent de moy, à foy et hommage simple, et me doibvent, de debvoir féodal, cinq sols, audict terme d'Angevinne.

(1) La Brimonnière, en Ernée.
(2) Hermillon, paroisse de Juvigné-des-Landes.
(3) L'Epine, en Juvigné-des-Landes.
(4) La Baudonnière, paroisse d'Ernée.
(5) La Houllerie, paroisse de Saint-Hilaire-des-Landes.
(6) Torambert, en Ernée.

Item. — Les propriétaires des Vallées, maisons, vergers, jardins, estangs entre Ernée et la rivière dudict lieu, relèvent de moy, à foy et hommage simple et m'en doibvent une paire de gands de debvoir féodal, au terme de l'Angevinne.

Item. — Les propriétaires des fiefz, féages du Hault-Bois[1], du Bois-Louvel[2], de Mébertin[3] relèvent de moy, à foy et hommage simple.

Sur toutes lesquelles terres, fiefz, seigneuries et choses en deppendantes j'ay, outre les droicts et debvoirs cy-dessus spécifiez, et déclarés, tous autres droicts de justice, amendes et confiscations, droictz d'aubenage et bàtardise, espaves mobiliaires et foncières, droicts de reliefz ou rachapts, déports de minorité, rachapts par bail[4], ventes et issues en tous contractz de ventes et d'échanges, qui est le sixième denier du prix des contracts de ventes et d'échanges ou de la valleur des héritages eschangéz, avec le doublage des tailles cy-dessus déclaréz, les cas advenants, scavoir : pour la délivrance de ma personne de prison en guerre, pour le mariage de ma fille aisnée ou pour la rédification de mes chasteaux ; le tout suivant la coustume géneralle de vostre province du Maine et la coustume locale de mon dict duché.

(1) Le Haut-Bois, en Saint-Pierre-des-Landes.

(2) Bois-Louveau, en Saint-Pierre-des-Landes.

(3) Méberlin, paroisse d'Ernée.

(4) Dans le duché de Mayenne, il y avait un droit singu'ier de « rachat par bail », dû par le père ou la mère qui acceptaient le « bail » de leurs enfants. Ce droit fut contesté au seigneur de Mayenne, à la fin du xvie siècle, par Yvonne Le Porc, veuve de Jean de Fontenailles, seigneur de Marigny et d'Aubert, garde noble de Tristan de Fontenailles, son fils ; mais un arrêt du Parlement lui fit perdre son procès. Il s'agissait d'un rachat par bail de la terre d'Aubert, paroisse de Chailland, qui appartenait aux de Fontenailles, puinés de la maison du Mesnil-Barré, et il fut établi que le seigneur de Mayenne avait la possession de ce droit. (Extrait d'une note de Le Blanc de la Vignolle).

III

Biens possédés par le clergé

§ 1er. — *S'ensuit la déclaration et desnombrement des abbayes, prieuréz, cures et chapellenies estans de fondation de mes prédécesseurs, seigneurs de Mayenne, en tout ou partie, qui relèvent de mon dict duché ou qui en ont esté réservées.*

Premièrement. — L'abbaye de Fontaine-Daniel, de l'ordre Cisteaux, est de fondation de Juhel, seigneur de Mayenne, et Yollande ou Gervaisinne, dame de Dinan, sa femme; et par fondation, ils ne s'en sont réservéz aucun ressort et l'ont réunye à vostre couronne.

Item. — L'abbaye de Nostre-Dame de Clermont [1], du mesme ordre, a esté dottée de quelques terres et rentes par mes prédécesseurs et relève de moy une rente de dix-vingt bouesseaux de froment, à la mesure de ma chastellenie du Pontmain.

L'abbaye de Savigné, du mesme ordre de Cisteaux, a esté dottée par mes prédécesseurs de quelques fiefz et rentes dans l'estendue de mon dict duché, desquels ils ne se sont point aussy retenu la mouvance, laquelle vous appartient comme comte du Maine.

Item. — L'abbaye de la Cousture, du Mans, relève de moy, à foy et hommage, une rente de soixante sols.

Item. — Les doyen, chanoines et chappitre de Saint-Julien du Mans relèvent de moy, à foy et hommage lige, leur terre de Montenay, ainsy que je vous l'ay déclaré cy-dessus au desnombrement de ma chastellenie d'Ernée.

(1) L'abbaye de Clermont, paroisse d'Olivet.

Item. — Le prieuré de Berne [1], près ma ville de Mayenne, fondé par mes prédécesseurs, relève aussy de moy, à foy et hommage lige, et à la charge de la rétribution du service divin et de me payer quatre deniers de rente.

Le prieuré de Jéhard [2], scitué près madicte forrest, fondé par mes prédécesseurs, à la charge de relever de mondict duché, à foy et hommage lige et à la rétribution du service divin.

Item. — Le prieuré de Montguion [3], scitué près madicte forrest, fondé par mes prédécesseurs et antiennement donné aux moynes de Saint-Benoist, aussy bien que ceux de Berne et Jéhard cy-dessus déclaréz, relève aussy de moy, à foy et hommage lige, et à la rétribution du service divin [4].

Item. — Le prieuré de Saint-Berthélemy de l'Habit [5], scitué en ma dicte forrest, de fondation de mes prédécesseurs, relève aussy à pareil foy et rétribution [6].

Item. — Le prieuré de Placé, fondé de mesdicts prédécesseurs, relève de mondict duché à pareil foy lige et à la charge du service divin de trois messes par sepmaines ; et le titulaire d'iceluy me doibt nourrir un chien courant de ma meute, quand il luy sera baillé par mes gens.

Item. — Le prieuré de Champgenéteux, fondé en partie par mes prédécesseurs, relève de moy prochainement et en nuesse, à foy et hommage lige, partye desdommaines et fiefz qui le composent et le surplus par le moyen du seigneur de Courcitté ; le tout à la charge de

---

(1) Berne, paroisse de Saint-Baudelle.
(2) Géhard, paroisse de Châtillon-sur-Colmont.
(3) Montguyon, paroisse de Placé.
(4) V. *Archives municipales de Mayenne*. Aveux, tome I, page 42.
(5) Saint-Barthélemy-de-l'Habit, paroisse de Chailland.
(6) V. *Archives municipales de Mayenne*. Aveux, tome I, page 249.

la rétribution du service divin et de payer à ma recepte soixante sols de taille ou de debvoir féodal [1].

Item. — Le prieuré de Javron relève aussy de moy, à foy et hommage lige, à la charge de la rétribution du service divin.

Item. — Le prieuré de Montaudain [2] relève aussy de moy, aux mesmes charges et à foy et hommage lige.

Item. — Le prieuré de Saint-Martin de Juvigné, de fondation de mes prédécesseurs, relève aussy à pareille foy et rétribution [3].

Item. — Le prieuré de Saint-Michel de l'Abbayette [4], fondé par mes prédécesseurs, relève, à pareille foy, à la charge de la rétribution du service divin de six messes par sepmaine [5].

Item. — Le prieuré de Saint-Mars ou Saint-Médard sur la Fustaye, de fondation de mes prédécesseur, relève à pareil foy lige, tant l'église dudict lieu que dommaines, fiefz, rentes et dixmes en deppendans, à la charge de la rétribution du service divin ordinaire, suivant les règles de Saint-Benoist [6].

Item. — Le prieuré de Saint-Jacques d'Ernée relève à pareille foy et à la rétribution de trois messes par sepmaine à mon intention et de mes prédécesseurs, et me doibt, en outre, six sols de debvoir, au terme d'Angevinne [7].

Item. — Le prieuré de Mortain relève de moy huict livres de rente, qui luy ont autres fois esté données par le seigneur de Mongirou.

---

(1) V. *Archives municipales de Mayenne,* Aveux, tome I, p 39.

(2) Montaudin.

(3) V. *Archives municipales de Mayenne,* Aveux, tome III, page 387.

(4) Saint-Michel-de-l'Abbayette, paroisse de La Dorée.

(5) V. *Archives municipales de Mayenne,* Aveux, tome I, p. 55.

(6) V. *Archives municipales de Mayenne.* Aveux, tome I, page 47.

(7) V. *Archives municipales de Mayenne.* Aveux, tome I, page 33.

Item. — L'abbaye de Champagne [1] a esté dottée par mes prédécesseurs de plusieurs rentes et héritages qui relèvent de moy, par ma chastellenie d'Ernée, à la charge de la rétribution du service divin.

Item. — Le temporel de la cure de Launay [2] relève de moy, à foy et hommage lige, à la charge du service divin.

Item. — Le temporel de la cure de Montaudain relève aussy de moy, aux mesmes charges.

Item. — Le temporel de la cure de Parigné relève à pareille foy et rétribution du service divin.

Item. — Le curé de Moulay relève, à foy et hommage lige, le lieu de La Garde [3], deppendant de ladicte cure, à la charge des debvoirs ordinaires et du service divin.

Item. — Le chapelain de la chapelle Saint-Jacques [4] relève de moy la dicte chapelle et revenus d'icelle, à la charge du service divin.

Item. — Le curé de Saint-Georges-Boutavant, pour partye de son temporel, relève de moy censivement.

Item. — Le curé de Saint-Martin [5] tient et relève censivement cinq sols de rente, qu'il a droict de prendre sur certaines maisons de ma ville de Mayenne.

Item. — Le curé de Nostre-Dame de ma dicte ville tient aussy censivement certaines terres et emplacements, scituéz derrière son presbitaire et qui estoient autres foys des fosséz de ma dicte ville ; pour quoy, il me doibt deux sols de debvoir féodal.

Item. — L'aumosnerie de l'Hostel-Dieu [6] relève de moy, à foy et hommage lige, à cause d'un fief qui en

---

[1] L'abbaye de Champagne, paroisse de Rouez.

[2] Launay-Villiers. V. *Archives municipales de Mayenne*. Aveux, tome I, page 253.

[3] La Garde, en Moulay.

[4] V. Supra, page 6, note 3.

[5] Saint-Martin de Mayenne.

[6] Hôtel-Dieu dit du Saint-Esprit, à Mayenne.

deppend, et censivement les autres terres et maisons qui en font la composition.

Item. — Le chapelain de la chappelle de la Guicherye [1] relève de moy, à foy et hommage lige, le fief et dommaine de Leveillardière [2], en Contest, et me doibt, outre la rétribution du service divin, deux oys au terme de Toussainctz.

Item. — Les religieuses de Saint-Sulpice, proche de vostre ville de Rennes en Bretagne, relèvent de moy, à foy et hommage lige, leurs fiefz et juridiction de l'Hostellerie, en la parroisse de Landivy, à la charge du service divin, des autres debvoirs coustumiers.

Sur tous lesquels abbayes, prieuréz et bénéfices, j'ay droict de rachapt, à chaque mutation de titulaire, en tant qu'il en relève, à foy et hommage, de mon dict duché et chastellenie; lequel rachapt est une année du revenu du bénéfice, les charges ordinaires déduictes.

IV

Biens censifs

§ 1er. — *S'ensuit la déclaration des fiefz, dommaines, maisons et héritages relevant censivement et prochainement de mon dict duché, chastellenies et terres en deppendantes, et des debvoirs que les propriétaires et détempteurs m'en sont tenuz faire payer.*

Premièrement. — Toutes les maisons de ma ville et fauxbourgs de Mayenne tiennent et relèvent de moy, à la réserve de quelques parties qui relèvent des abbayes

(1) La Guihairie.
(2) L'Eveillardière.

de Savigné, prieuré de Géhars et Chapitre du Mans, par les dons qui en ont esté faits par mes prédécesseurs, et encore quelques maisons qui tiennent du fief de la Trotterie qui me les raporte ; toutes lesquelles maisons doibvent contribuer, par chascun an, au payement de la taille emage de quarante-cinq sols, laquelle estoit antiennement payée au sergent fieffé de ma Baillée de Mayenne pour la porter à ma recepte.

Item. — Elles me doibvent la somme de douze livres ou environ de cens ou debvoir, suivant la division qui en a esté faite par les déclarations rendues par les propriétaires d'icelles à mes prédécesseurs.

Outre lesquelles tailles et cens, il m'est deub d'autres rentes particulières sur certaines maisons et jardins de ma dicte ville.

Scavoir : Sur une maison, scituée sous la chaussée de Baudays [1], trois sols.

Sur une autre maison, au mesme lieu, trois sols.

Sur une autre maison, scituée au dessous de la chaussée du Petit-Baudays, vingt sols.

Une maison, dicte autre foys la maison Nezan, cinq sols ; laquelle ayant esté depuis donnée pour une presmonie me doibt cent sols à chaque mutation de titulaire [2].

Une bouticque, près l'antienne auditoire, trente et un sols six deniers.

La prise à rente de Rommaigné, sur le pont, dix sols.

Une prise à rente, pour bastir une petite maison entre les Grands-Moulins et la ville, a cinq sols de debvoir.

---

(1) Chaussée du moulin de Baudais.

(2) La prestimonie des Nezan possédait une maison et un jardin « scitués près les halles de Mayenne (qui se trouvaient alors sur la place Louis de Hercé), coustéant les fossés et aboutant à la Grande-Rue ». Ce sont les termes de la désignation contenue dans un acte d'amortissement passé devant M⁰ Richard Surgan, bailli de Mayenne, le 27 novembre 1548.

La prise à rente de François Vaudelon, au mesme lieu, cinq sols.

La prise à rente du Breton, proche le mesme lieu, un sol.

Un jardin, au dessoubz de la chaussée du grand estang de Baudays, lequel estang a esté depuis remply en partye et où mesmes les halles sont scituéez ; lequel jardin me doibt vingt-cinq sols.

Le jardin Ballesguier, près le boulevard de mon chasteau, vingt sols.

Un autre jardin, dans les fosséz de mon chasteau, pris à rente par le nommé Boucher, trente sols.

Autres jardins, près mon chasteau et antien estang de Baudays, cinquante-neuf sols.

Un jardin, près la fontaine de mon dict chasteau, quinze sols.

La prise à rente feu Coulange, près mon chasteau, cinq sols.

La prise à rente de feu Pierre Richard sur les Buttes, près mon dict chasteau, cinq sols.

Autres prises à rentes sur les Buttes susdictes, par feu Nicolas Le Maçon, trois sols.

Le jardin de damoiselle Anne Duparc, veufve Quentinière, scitué au derrière des murailles de mon chasteau, trois sols.

Les maisons et jardins bastis et scituéz sur un ancien emplacement, nommé le Cloux (clos) des Vignes, me doibvent trente sols.

Une prise à rente feu Noël Margallé, d'une place vacque au hault de ma dicte ville, quinze sols.

Tous lesquels debvoirs me sont deubz aux jours et festes de sainct Jean-Baptiste et Toussainctz.

Une prise à rente de Macé Cosnard, au-dessous de mon chasteau, près la rivière, a six deniers de cens.

La baillée à rente du champ Moreau, a douze deniers de debvoir et deux sols de cens.

Le jardin du Prince, baillé à rente à Guillaume Lair, et un emplacement au-devant, à présent appartenant à Mre Jean Mimbré, quatre sols.

Une place de bouticque, au-devant et proche la porte de l'ancienne auditoire, quatre livres de rente.

Autre bouticque, proche le mesme lieu, a cinq sols de rente.

Une place, au hault de cette ville et hors d'icelle, pour bastir une maison proche la fontaine, dix sols de rente de debvoir.

Une autre place, près la maison de Mre René des Aulnois, sur la rue de derrière, a douze deniers de cens.

Plusieurs autres maisons basties sur des places vacques tant en ma dicte ville que fauxbourgs, autres fois bailléez à rente par mes prédécesseurs, desquelles les debvoirs n'ont pas esté déclaréz et dont je proteste me faire obéir par le recouvrement des tiltres.

§ 2. — *Autres maisons et héritages, scituéz en ma dicte ville, fauxbourgs et parroisses de Mayenne et Saint-Martin, dont la féodalité et mouvance avoit esté donnée par mes prédécesseurs aux abbéz et religieux de Fontaine-Daniel et qui a esté retirée et réunie à mon dict duché par les contrats d'eschange dont il a esté parlé cy-dessus.*

Premièrement. — La maison qui fut feu Cocherye, près l'église Nostre-Dame de ma dicte ville, qui a esté démolie pour y faire le parvis de la dicte église ; au-dessoubz duquel sont des bouticques construites au profict de la fabrique d'icelle ; pour raison de quoy, il m'est deub douze sols de debvoir féodal et une livre de cire,

La maison appartenant aux héritiers feu François Triquel, sieur du Defais, scituée en la Grande-Rue, en montant de l'église au hault de ma dicte ville ; pour laquelle maison, il m'est deub dix-neuf sols de debvoir féodal.

La maison feu Gilles Hébert, près la maison cy-dessus, pour laquelle il m'est deub treize sols.

La maison feu Jean Perronet, aussy près la maison cy-dessus, pour laquelle il m'est deub douze deniers.

La maison Jean Le Moulnier-Pillière, scituée au-dessus des maisons cy-dessus, pour laquelle il m'est deub treize sols deux deniers de debvoir.

La maison des enfans et héritiers de deffunct Charles Le Moyne, scituée au-dessus et proche la précédente ; pour laquelle il m'est deub vingt-cinq sols de debvoir.

La maison des enfans et héritiers feu Macé Dubois, sieur de Villegérard ; pour raison de laquelle, il m'est deub six deniers.

Les maisons Charles Foucault-Bretonnière et héritiers Guillaume Hardouin, scituéez en la rue de Baudays de ma dicte ville, basties sur les places autres foys nommées « les places Boiscornu » ; pour raison desquelles il m'est deub sept sols de debvoir.

La maison qui fut Denis Le Houdayer et qui appartient à Nicolas des Ormes, en la dicte rue de Baudays ; sur laquelle il m'est deub dix livres de rente ou debvoir féodal.

La maison Labitte, appartenant à présent à Jean Prenelle, en la dicte rue de Baudays ; sur laquelle il m'est deub quatre sols de debvoir.

Les maisons Mathieu Séneschal, sieur de la Bordelaye, et les héritiers Rommaigné se joignant l'une l'autre, scituéez à l'entrée de la dicte rue de Baudays près le grand carrefour.

Les maisons et bouctiques, scituéez au bas de la Grande-

Rue de ma dicte ville, appartenant à Jean Chauvin et Marthe Carré; pour raison desquelles il m'est deub cinq sols de debvoir.

La maison qui fut Macé Le Charpentier, pour laquelle il m'est deub cinq sols de debvoir.

La maison et bouctique qui fut au dict Breton, scituée sur la petite rue qui conduit de la Grande-Rue à mes Grands-Moulins, à présent appartenant à René Villette et Mathurin Carré; sur laquelle il m'est deub sept sols six deniers de debvoir.

La maison d'Aubin Coucault, mareschal, scituée au bas de ma dicte ville; pour laquelle il m'est deub cinq sols de debvoir.

Le pavillon de Mre Louis Rousseau, prebstre, sur le bord de ma rivière, pour lequel il m'est deub un sol de debvoir.

Plusieurs autres fiefz d'emplacements, sur le bord de ma rivière, pour chacun desquels il m'est deub aussy un sol de debvoir.

Le pavillon estant au bout du pré de Mre Jean Richard, sieur des Marais, pour lequel il m'est deub un sol de debvoir.

Les maisons et jardins scituéz au fief des Vergers, sur les Buttes, au-dessus de mon grand chasteau, sur lesquels il m'est deub huict sols de debvoir, à proportion et esgail de fief.

Le lieu et village de la Chouanne, appartenant à Mre René Le Bourdais, sieur de Fresnay, sur lequel il m'est deub huict sols de debvoir féodal.

Les Champs-Rouges, de la Grange, près les Capucins : le debvoir desquels n'ayant point depuis peu esté reconnu, je proteste m'en faire obéir comme aussy de quelques autres maisons de ma dicte ville de Mayenne dont les obéissances auroient esté négligées par les dicts abbés et religieux.

La grande maison du bout du Pont, au faubourg Saint-Martin de ma dicte ville, autrefois nommée le Pigeon-Blanc ; pour raison de laquelle, il m'est deub vingt-quatre livres de rente ou debvoir féodal.

La maison feue la Thierrye, pour laquelle il m'est deub trois sols de debvoir.

La maison et jardin qui fut Guillaume David ; pour raison de quoy, il m'est deub cinq sols.

Une autre maison près la précédente, pour raison de laquelle il m'est deub trois sols.

La maison, dicte la Juifverie, appartenant aux héritiers Jean de France et femme, relève de moy, à foy et hommage lige ; pour raison de laquelle, il m'est deub plège, gage et obéissance, sans préjudice des autres debvoirs ordinaires et coustumiers [1].

---

[1] L'auberge de l'Aigle-d'Or ou de la Juiverie, situé à l'angle formé par la rue de l'Eglise Saint-Martin et la rue de la Galère (bas de la rue Saint-Martin), appartenait à la fin du xviiie siècle à René Richer, hôtellier et maître de la poste aux chevaux. Celui-ci avait épousé Françoise Guyard, sœur et belle-sœur de René-Louis Guyard, maître de la poste aux chevaux à Ernée, et de Françoise Daligault, épouse de ce dernier. Les époux Richer-Guyard eurent trois enfants : 1° Renée-Marie Richer, mariée à Louis-Aimé-Félix Fergan ; 2° René Richer ; 3° Victoire-Thérèse Richer, épouse de François-Louis Guyard, son cousin germain.

René Richer eut à soutenir un procès contre l'adjudicataire général des Fermes du roi, qui prétendait que l'auberge de la Juiverie était un fief noble relevant, à foi et hommage, du duché de Mayenne. Mais racontons les faits qui n'intéressent pas seulement le fief de la Juiverie.

La maison de l'Aigle-d'Or ou de la Juiverie dont Richer avait la propriété était-elle tenue en fief ou en censive ? Telle était la question.

L'adjudicaire général des Fermes décerna contre lui, le 3 Janvier 1777, une contrainte à l'effet de payer la somme de 1140 liv. pour droits de francs-fiefs. Richer produisit ses titres ; l'adjudicataire lui opposa l'aveu du duché de Mayenne, rendu au Roi en 1669 (c'est-à-dire l'aveu que nous publions).

Une ordonnance du commissaire départi en la Généralité de Tours « condamna Richer, le 13 Juillet 1777, à rapporter des déclarations et obéis- « sances féodales, antérieures et postérieures à l'aveu du 28 Juin 1669, qui « justifiaient la directe censive de la maison de l'Aigle-d'Or, par leur assu- « jettissement à un cens, etc. sinon, et à faute d'y satisfaire dans un mois, le « condamnait à faire au bureau de Mayenne sa déclaration exacte et détail-

§ 3. — *Autres maisons et héritages sciluéz en ma
dicte ville, fauxbourgs et parroisses de Nostre-
Dame et Saint-Martin, qui relevoient de mon dict
duché par le moyen du fief d'Orthes, par l'acquisition duquel ils en relèvent présentement, prochainement et directement.*

Premièrement. — Les maisons André Renault, boucher, et Jean du Bourg, cloustier, sciluéez au-dessus des
portes de ma dicte ville ; pour raison desquelles, il m'est
deub deux sols six deniers de debvoir.

La maison des héritiers André Hamon et autres dé-

« lée, pour être procédé à la liquidation du droit de francs-fiefs, et huit
« sols pour livre, et à payer ledit droit, et aux dépens ».

Richer paya la somme de 1140 ^{ll} sous réserves et porta l'affaire au Conseil.
Il y produisit : 1º une déclaration du 4 Janvier 1571, qui portait que la maison dont il s'agissait était tenue en censive et contribuable au paiement de
la taille ; 2º un bail à rente de 1697, dans lequel cette maison était désignée
être en censive ; 3º une déclaration de 1733, rendue aux assises de Mayenne,
portant pareille désignation ; 4º sa propre déclaration de 1776, antérieure
par conséquent à la contrainte du fermier.

L'adjudicataire général des Fermes n'opposait que l'aveu du duché de
Mayenne, rendu le 28 Juin 1669.

Richer, par le ministère de Pialat, « prétendit que cet aveu était un titre
« solitaire et informe ; qu'il avait été blâmé dans plusieurs points ; qu'il
« n'avait point été reçu et n'avait jamais servi de titre au seigneur de
« Mayenne ; qu'il n'existait aucun aveu, aucun registre, aucune mention
« dans les anciens répertoires, qui rapportassent cette maison comme hom-
« magée ; que de tout temps elle avait été désignée, vendue, partagée com-
« me roture ; qu'enfin, elle était de nature censive ; que des actes de famille,
« des déclarations en forme, reçues par le seigneur, la constituaient telle,
« et qu'elle n'avait aucun des caractères qui désignaient le fief.

Pialat terminait sa défense, en observant qu'il ne devait point être per-
mis à l'adjudicataire général des Fermes de changer, à sa volonté et pour
son intérêt, la nature des biens, de transformer en fief ce qui était en roture et de troubler ainsi la possession des particuliers.

Le Conseil rendit, le 7 Septembre 1778, la décision suivante : « La nobilité
« de la maison dont il s'agit n'étant pas suffisamment établie, (par un seul
« aveu blâmé) « le droit de francs-fiefs, payé pour raison de cette maison, sera
« restitué au sieur Richer, sauf à l'adjudicataire à justifier plus amplement
« que cette même maison est de nature et qualité féodale.

templeurs du change Mérault ; pour raison de quoy, il m'est deub deux deniers.

Les maisons Adrien Betton, Jean Nion et Jean Langlois me doibvent pareil debvoir de deux deniers.

La maison d'Amable Lenormand et Jean Gallouin, dont le debvoir n'est point encore venu à ma connaissance.

Certaines pièces de terre du lieu de Bras, du nombre de quatre, dont le debvoir n'est point encore venu à ma connoissance.

Le lieu et clozerye de Saint-Anthoine appartenant aux religieuses bénédictines [1] de ma dicte ville et sur partye de laquelle leur couvent a esté basti, dont le debvoir n'est pas encore venu à ma connoissance.

La maison François Launay, boucher, dont le debvoir n'est pas encore aussy venu à ma connoissance.

La maison des héritiers François Seneschal et la maison des nomméz Jean Hayon et Poulain, dont le debvoir n'est pas aussy venu à ma connoissance.

La maison François Girard et autres maisons y joignantes, au hault de ma dicte ville ; pour raison desquelles, il m'est deub cinq sols de debvoir.

La maison qui fut Lazare Besnard, tenue par les nomméz Mautaint et Le Bossé, dont le debvoir n'est pas venu à ma connoissance.

La maison des héritiers Fourneau, boucher, pour laquelle il m'est deub un denier de debvoir.

Les maisons et héritages des héritiers Guillaume Rouzière, pour lesquels il m'est deub sept sols de debvoir.

Les maisons et jardins de Mre Louis Gobbé, prebstre, et ses cohéritiers en la succession de deffunct Guillaume Gobbé ; pour raison de quoy, il m'est deub trois sols trois deniers de debvoir.

---

(1) La majeure partie de l'enclos du couvent des bénédictines du Calvaire.

La maison de Guillaume Hay, charpentier, pour laquelle il m'est deub un denier de debvoir.

La maison de Guillaume Houzé, pour laquelle il m'est deub trois deniers.

Les haults champs, scituéz au hault de la ville, appartenant à Pierre Duroil et héritiers Renée Richard; pour raison desquels, il m'est deub quatre sols quatre deniers de debvoir.

Les champs et petite maison de Jean Le Moulnier-Pimpant et des autres champs qui furent aux enfans d'Ananie Portier; pour raison de quoy, il m'est deub douze sols, par une part, et treize deniers, par autres, de debvoir.

Les vergers et jardins Jean Hamon et Julien Taulpin, pour raison desquels, il m'est deub huit deniers par une part, et trois deniers par autre, de debvoir.

Jean Fraudin, mari de Suzanne Laigneau, pour certains héritages, au-dessus des portes, me doibt trois deniers de debvoir et quatre sols quatre deniers, en compagnée d'André Regnault.

Les héritiers Michel Hoyau et Françoise Hairie; pour certaines maisons et héritages me doibvent deux sols de debvoir.

Les enfans de deffunct Michel Baudron, pour certaines maisons scituéez au hault de la ville et hors icelle, me doibvent trois sols de debvoir, en compagnée de leurs autres codétempteurs.

Renée Poulain, pour sa maison au-dessus des portes, deux sols de debvoir et encore, en compagnée de René Poulain, six deniers.

La dicte Renée Poulain me doibt, en outre, pour une autre maison un denier.

Pierre Duroil, sieur de Launay, pour certaines maisons et champs, au hault de ma dicte ville, me doibt deux sols, par une part, et trois deniers, par autre, et contribue, en outre, au debvoir de sept sols six deniers avec les héritiers Simon Gournay.

René Marteau, mari de Catherine Frican, pour le champ des Trois-Cornières, contribue avec le dict Duroil au dict debvoir de trois deniers.

René Chastelain, mari de Renée Le Normand, tient une maison au-dessus des portes, dont le debvoir n'est venu à ma connaissance.

Roger Guittier et Ambroise Deruault, pour leurs maisons au hault de ma dicte ville, me doibvent deux sols de debvoir, en compagnée de leurs autres codétempteurs.

Mre René Lebourdais, sieur de Fresnay, pour partye de son lieu de la Mauhétière [1], me doibt quatorze sols six deniers.

Les héritiers Pascal Viau, pour le lieu de la Petite-Mochetière, doibvent antiennement sept sols six deniers de debvoir, dont je proteste me faire obéir.

Le lieu du Pommier, deppendant de la chappellenie du mesme nom, relève de moy censivement, à cause du fief d'Orthes, dont le debvoir n'est venu à ma connaissance.

Les héritiers de Mre Claude Blanchet, sieur de la Charterie, pour la maison qui fut à Guillaume Lepourriel, dont le debvoir n'est venu à ma connaissance.

Les héritiers Vincent Laignau, sieur de la Laire, et Mre Jean Billard, pour leurs maisons scituées proche ma grande porte du hault de ma dicte ville, me doibvent trois sols de debvoir.

Estienne Barbé, pour sa maison, au-dessus des dictes portes, me doibt trois deniers de debvoir.

Lazare et Pierre les Hamons, pour leur maison et jardin scituéz au-dessous des dictes portes, me doibvent trois deniers de debvoir.

[1] La Petite-Mauhitière.

La maison Julien Taulpin, dict Queusmond, doibt huict deniers de debvoir.

Pierre Brouillard, pour sa maison au hault de ma dicte ville, doibt deux sols de debvoir.

Les héritiers de Françoise de La Vigne, dame de la Charterie, pour une maison, me doibvent trois deniers de debvoir.

La fille et héritière de deffunct Mre Jean Mimbré, docteur en médecine, pour sa maison du Cheval-Blanc, me doibt quinze deniers de debvoir.

Mre René des Aulnois, pour son logis et jardin, me doibt trois deniers de debvoir, en la compagnée des dicts les Hamons.

Mre Pierre Lefaucheux, sieur des Eteppes, pour sa maison et jardin, me doibt six deniers de debvoir.

Les enfans et héritiers de deffuncte Charlotte Chocquet et René Bonhomme, pour leur maison scituée aux environs du Palais de ma dicte ville, me doibvent huict deniers de debvoir.

Les héritiers Patry Frican, sieur du Fresne, et consorts, pour leurs maisons et jardins, scituéz au-dessous des précédentes, me doibvent douze sols de debvoir.

Mre René Lebourdais, sieur de Fresnay, relève une autre maison, au-dessous la précédente, dont le debvoir n'est venu à ma connaissance.

Les héritiers Jacques Le Moyne, sieur de la Riottière, pour certaine maison prise à rente de Michelle Lescuyer, me doibvent deux sols cinq deniers de debvoir.

Damoiselle Renée Frican, dame de Bazogers, relève de moy la maison où elle demeure, dont le debvoir n'est pas encore venu à ma connaissance.

Ambroise Rigault, sieur de la Mittonnière, pour la maison où il demeure, au-dessous de la précédente, me doibt dix-huict deniers de debvoir.

Les maisons des héritiers de Robert Chevallier, sieur de Blozé, et de la veufve Bizeuil-Le-Puits me doibvent deux sols six deniers de debvoir.

Les héritiers de deffunct Mre François Trihan, sieur de Verrière, pour une maison scise en la Grande-Rue de ma dicte ville, me doibvent douze deniers.

René Garnier, sieur de Fontenay, pour sa maison scituée au-dessous de celle du dict deffunct Trihan, me doibt deux deniers de debvoir.

La maison de Julien Le Boucher, pour la maison qui fut François Masson, me doibt douze deniers.

La maison Mre René Cazet, sieur de la Grange, par luy acquise de René Lebourdais, me doibt trois deniers de debvoir.

Les héritiers de Nicolas Brisoult, pour une maison scise près la précédente, me doibvent deux sols six deniers, par une part, et quinze deniers, par autre.

Jacques Rollin-Morterie, pour sa maison scituée au dessous de la précédente, douze deniers de debvoir.

Les héritiers Jacques Hamon-Boissière, pour la maison scituée au dessous des précédentes, me doibt douze deniers de debvoir.

Françoise Gilmas, veuve François Derouault, pour sa maison proche la précédente, doibt contribuer audict debvoir.

Jacques du Chesnay, escuier, sieur dudict lieu, et ses enfans, pour une maison et ses deppendances dicte autres foys « la Maison de Ville », me doibvent trois sols de debvoir, par une part, trois sols, par autre, et douze deniers, par autre.

Marie Frixon, veufve Brindejonc, pour une maison et ses deppendances scituée près le Grand-Carrefour de ma dicte ville, me doibt deux sols six deniers.

Julien Lemoyne, sieur de la Touche, pour une maison scituée en la rue qui conduit du Grand Carrefour de ma dicte ville au couvent des pères Capucins, me doibt deux sols quatre deniers, par une part, et douze deniers, par autre.

La maison de Griffaton, docteur en médecine, dont le debvoir n'est encore venu à ma connaissance.

Les héritiers François Gaultier, marchand tanneur, pour une maison scituée au faubourg Saint-Martin, me doibvent cinq sols de debvoir.

Mre François Fourmy, sieur des Chauvellières, relève de moy, par ledict fief, certains préz de la composition de son lieu de la Rouzière, dont le debvoir n'est venu à ma connaissance.

Le lieu de la Goderie, en la parroisse de Belgeard, relève de moy censivement, par ledict fief, pour lequel il m'est deub subjection et obéissance.

Mre Jacques Legros, prebstre, curé de Saint-Germain-d'Anxure, et autres détempteurs des lieux de la Cocquinière, du Petit-Noyer, de la Blettrye, en Placé, me doibvent trente-cinq livres de debvoir, au premier janvier de chaque année.

Mre Séraphin du Tillet, chevalier, conseiller en vostre cour de Parlement de Paris, relève de moy, par le moyen de mondict fief d'Orthes, ses fiefz du Hault-Quittay [1], estang et Moulin-Clément [2] deppendans de sa terre de Loré [3] ; pour raison de quoy, il me doibt plège, gage et obéissance.

(1) Paroisse de St-Georges-Buttavent.
(2) Paroisse de Châtillon-sur-Colmont.
(3) Par_oisse d'Oisseau.

*§ 4. — S'ensuivent les choses relevantes prochaine-
ment et censivement de mon duché, scituéez ès
parroisses cy-après déclarées.*

Parroisse de Saint-Fraimbault-de-Prières

Les propriétaires détempteurs du fief des Bouillons
me doibvent vingt sols de taille, dicte la « taille aux
Chevalliers », au terme d'Angevinne.

Parroisse de Moulay

La fille et héritiers de feu René de Champagne, vivant
escuier, sieur de Commer, me doibt, par le fief de Vau-
gencière, trois sols de taille dicte la « taille aux Chevalliers », à l'Angevinne.

Michel Le Bourdayer et ses codétempteurs des héritages scituéz au fief de la Torlière [1] me doibvent, audict
terme, trois sols de taille, dicte la « taille aux Chevalliers »,
et six bouesseaux d'avoyne à ma mesure de Mayenne.

Les héritiers feu Pascal Viau, vivant sieur de la Cotel-
lière, pour les héritages scituéz au fief de la Jucherie [2]
me doibvent quatre bouesseaux et demy d'avoyne à ma
mesure, au dict terme d'Angevinne.

Mre Robert Louastard, sieur de la Torlière, et ses codétempteurs des héritages scituéz au fief de la Maillar-
dière me doibvent neuf bouesseaux à ma mesure, audict
terme d'Angevinne.

(1) Le fief de la Torlière ou du Teilleul relevait de la seigneurie de Moulay, détachée de Montgiroux. Raoul Blanchet était seigneur du fief de Moulay
en 1462.

(2) La Hucherie. Le lieu de la Jeucherie ou Jucherie, comme on disait
alors, relevait pour partie de la seigneurie du Bois-au-Parc et pour partie
de la seigneurie des Carthes. La première appartenait en 1454 à Guillaume
et Pierre de la Fontaine et la seconde en 1655 à Pascal Viau. (Déclaration
censive du 20 janvier 1454 et 9 juillet 1655).

Les propriétaires des héritages scituéz au lieu de la Chevallerie me doibvent trois bouesseaux d'avoyne, au dict terme.

Parroisse d'Aron

Une maison, scize entre les deux ponts, relevant censivement et en nuesse de mon dict duché.

Parroisse de Commer

Mre Estienne Duchemin, prebstre, curé de Chantrigné, et ses codétempteurs des héritages scituéz au fief de la Chappellière me doibvent douze bouesseaux d'avoyne, à ma mesure de Mayenne, au terme d'Angevinne.

Me Robert Gastin, sieur de Villeray, pour son dommaine de Marboué, me doibt douze bouesseaux d'avoyne, ausdicts terme et mesure.

Les propriétaires et détempteurs des lieux de Rouillon, la Roullandière, la Resnerie, la Gasnerie et Cocherie, par la seigneurie de Bures, me doibvent douze bouesseaux d'avoyne, audict terme.

Les détempteurs des lieux de la Douillière, la Chevrie et la Haute-Bourgère, par la seigneurie de Livet, me doibvent douze bouesseaux d'avoyne, au mesme terme.

Lesquelles rentes et debvoirs cy-dessus, la dame Marquise de Sablé, dame des seigneuries de Marboué, Bois-au-Parc, Bures et Livet, est obligée de me faire payer et obéir, ainsy que je vous l'ay déclaré au desnombrement des hommages cy-dessus.

M^re Cœsar Guyard, prebstre, procureur de l'Hostel-Dieu de ma ville de Mayenne, et autres détempteurs des héritages des fiefs de Vaugaron et de la Guillardière [1], me doibvent seize bouesseaux d'avoyne au dict terme.

____

(1) La Guyardière.

Le dict Me Estienne Duchemin et les héritiers du deffunct Mre Estienne Gasseau, vivant advocat au Mans, et
autres détempteurs des héritages du fief de Manceaux [1]
me doibvent douze bouesseaux d'avoyne au dict terme.

Mathurin Geaistière [2], Marin Bouju et autres propriétaires des héritages du fief de la Haye-Bardoul me
doibvent neuf bouesseaux deux tiers d'avoyne au dict
terme.

Les propriétaires et détempteurs des héritages du fief
du Coudray me doibvent huict bouesseaux deux tiers
au dict terme et à la dicte mesure.

Le fief de Guyarée me debvoit antiennement vingt
bouesseaux d'avoyne à ma dite mesure, dont je proteste
me faire obéir.

Parroisse de la Petite-Bazoge [3]

Jean Pottier, Martin Houdou et autres propriétaires
du lieu du bourg de la Petite-Bazoge aliàs la Métairie
aux Bétons, relèvent de moy censivement le dict lieu et
me doibvent quatre bouesseaux et demy d'avoyne, à ma
mesure de Mayenne, et deux sols en argent, au terme
d'Angevinne.

Le fief de la Martinaye, en la même parroisse, relève
de moy censivement à quatre sols de debvoir féodal.

Parroisse de Martigné

Le sieur propriétaire de la Motte-Husson, à présent
René de la Duffrie, escuier, sieur de la Motte, me doibt
quarante-huict bouesseaux d'avoyne et trente sols en
argent, au terme d'Angevinne.

François du Plessis, escuier, sieur de Mongenard,

(1) Montceaux.
(2) Gestière.
(3) La Bazoge-Montpinçon.

tient le dict lieu censivement de mon dict duché et me doibt douze bouesseaux d'avoyne, aussi à ma mesure, au terme d'Angevinne.

Les propriétaires et détempteurs du fief du Bas-Aistre me doibvent trente-six bouesseaux de blé-seigle, dont il y a procèz, protestant m'en faire obéir.

Les propriétaires du lieu des Essartz relèvent de moy le dict lieu et me doibvent six sols de debvoir féodal.

Les propriétaires du lieu du Plessis relèvent de moy et me doibvent trois sols de debvoir féodal.

Léonard Chasles, Robert Noury et consorts relèvent de moy censivement les héritages du fief des Ousches-Frères et me doibvent deux sols huict deniers de debvoir féodal, au dict terme d'Angevinne.

Damoiselle Renée Gastin, veuve Guillaume Guaye, relève de moy censivement son lieu du Tertre, en la dicte parroisse, et me doibt subjection et obéissance.

Parroisse de Constest

Mre Philippes Le Clerc, chevallier, sieur de Lormois, relève de mon dict duché, par arrière-fief, sa seigneurie des Barres et me doibt cinquante-quatre bouesseaux d'avoyné, mesure de Mayenne, au terme d'Angevinne.

Mre Isaac de la Matraye, chevallier, sieur de Contest, à cause de son dommaine de la Matraye et par arrière-fief, me doibt soixante bouesseaux d'avoyne au dict terme.

Les détempteurs et propriétaires des héritages du fief de la Morlière me doibvent soixante et douze bouesseaux d'avoyne à ma dicte mesure et au dict terme.

Les détempteurs du fief de la Blampisserie ont antiennement payé à la recepte de mon dict duché dix-huict bouesseaux d'avoyne à ma dicte mesure, dont je proteste me faire obéir, au cas de recouvrement de tiltres.

Parroisse de Parigné

Les fiefs de Nezan, de la Rouzière, de la Brigaudière et de la Rebuttrie[1] ont antiennement payé à la recepte de mon dict duché, scavoir : Le fief de Nezan, six vingtz bouesseaux d'avoyne.

Le fief de la Rouzière, trente-six bouesseaux.

Le fief de la Brigaudière, cinquante-quatre bouesseaux.

Et le fief de la Rebuttrie, dix-huict bouesseaux.

Lesquelz debvoirs ils ont discontinué depuis longtemps de payer, protestant m'en faire obéir.

Parroisse de Jublains

Comme aussy le fief de la Chère [2], en la dicte parroisse, a discontinué depuis longtemps de payer à la recepte de mon dict duché vingt-quatre bouesseaux d'avoyne, dont je proteste me faire obéir, en cas de recouvrement de tiltres.

Parroisse d'Oysseau

Les héritiers de feu Mre Paul de Lisle, vivant chevallier, Mre François Lefebvre, sieur d'Argencé, et autres détempteurs du fief de la Baubardière [3], me doibvent vingt bouesseaux d'avoyne à ma mesure, au dict terme d'Angevinne, et relèvent de moy le dict fief censivement.

Les détempteurs du fief d'Augeard relèvent aussy de moy censivement le dict fief et me doibvent vingt bouesseaux d'avoyne à ma dicte mesure, au dict terme d'Angevinne.

(1) La Rebutière.
(2) La Chaire-au-Diable.
(3) La Baubardière, paroisse de la Haie-Traversaine.

Parroisse de Saint-Georges-Butavant

S'ensuivent les fiefz subjectz au payement des froments qui sont deubz à ma recepte, au bouesseau de
Barre, pezant quarante livres (poids de dix-huict onces)
chacque bouesseau, au terme de Toussaincts de chacque année :

François et Guillaume Les Tourneux et autres détempteurs des héritages du fief de la Gesnottière me
doibvent huict bouesseaux de froment et deux poullets.

Mre Jean Touschard, prebstre, et autres détempteurs
des héritages du fief Virlouvel [1] me doibvent dix-sept
bouesseaux et demy de froment et trois livres trois sols,
à la Toussaincts, et trois livres dix sols, à Noël.

Robert Chevallier et autres détempteurs dudict fief
Virlouvel doibvent contribuer aux dix-sept bouesseaux
et demy de froment cy-dessus.

Guillaume Garnier et autres détempteurs du fief
Papouin me doibvent vingt-cinq bouesseaux de froment.

René Degasnes me doibt, pour le fief Guenier ou Gues-
nerie, trois bouesseaux de froment.

René Cornilleau et autres détempteurs du fief Ollivier-
des-Pichers me doibvent douze bouesseaux de froment.

René Fussot, pour le fief de la Rouze-des-Fontaines [2],
me doibt quatre bouesseaux de froment.

René Lebourdais, sieur de Fresnay, et autres détempteurs du fief Ricot me doibvent six bouesseaux de froment.

Mre Jean Viel, sieur de Torbeschet, pour le fief Pichon,
me doibt trois bouesseaux de froment.

Georges Lebourdais et autres détempteurs du fief

(1) Fief situé à Virveau et aux environs.
(2) La Rose des Fontaines.

Bufferel me doibvent quatre bouesseaux et demy de froment.

Ledict sieur de Fresnay, pour le fief Ernoul-de-la-Haie-Noyère, me doit vingt-quatre bouesseaux de froment.

Michel des Aulnois et autres détempteurs des héritages des fiefz Jean-Thibault et la Chardronnière me doibvent six bouesseaux, par une part, et huict bouesseaux, d'autre, de froment.

Jean Garreau et autres détempteurs des héritages du fief Michel de la Fosse me doibvent sept bouesseaux et demy de froment.

Mre François de Bouessel et autres détempteurs des héritages du fief Vidamour me doibvent six bouesseaux de froment.

Mre François Le Pineau me doit, pour le fief Crocquelin, cinq bouesseaux de froment.

Ledict sieur de Fresnay et autres détempteurs des héritages du fief aux Barbots me doibvent douze bouesseaux de froment.

Ledict sieur de Fresnay et autres détempteurs des héritages du fief Eveillard me doibvent sept bouesseaux de froment.

Ledict Mre Jean Viel, sieur de Torbeschet, pour le fief Robert-Rouzé, me doibt dix bouesseaux et demy de froment.

Ledict sieur de Torbeschet, pour le fief André-Rouzé, me doibt dix-sept bouesseaux de froment.

Ledict sieur de Fresnay et autres détempteurs des héritages du fief aux Brociers me doibvent six bouesseaux de froment.

Ledict sieur de Fresnay et autres détempteurs du fief Souvatte me doibvent vingt-trois bouesseaux de froment.

René Gonnet et autres détempteurs du fief Gesbert me doibvent vingt-six bouesseaux de froment.

Les détempteurs du fief de la Chardonnière me doibvent huict livres.

Mre Guillaume Lelouable et Mre François Le Pineau, pour les héritages du fief de Baille [1], sont tenuz au délierrage de mon chasteau et de me fournir un ménétrier quand l'on fauche la lande de Savigné.

Une prise à rente en brières, prèz Torbeschet, quinze solz à l'Angevinne.

Magdelon de Vahaye, escuier, relève censivement de mon dict duché, le dommaine des Fontaines, en tant qu'il luy en appartient; pour lequel, il me doibt, à proportion et égail de fief, huict livres par an, de debvoir féodal, scavoir : quatre livres à la Chandeleur et quatre livres à la my-aoust, et six chevreaux à la Pentecoste; duquel debvoir il y a partye esteint par le moyen de la réunion de partye dudict dommaine des Fontaines, acquis par ledict feu Eminentissime Cardinal, par le contract de la terre de Langrumière.

Lesdicts Mre Jean Viel, sieur de Torbeschet, David Le Febvre, sieur de la Valette, et autres détempteurs du fief de la Daslinière [2], relèvent de mondict duché, me doibvent au terme d'Angevinne trente-six bouesseaux d'avoyne et vingt-cinq solz de taille dicte la « taille aux Chevalliers », un charroy de rameaux ou feuillée à la Pentecoste, prise en ma forrest et amenée à mon chasteau, et les corvées à fanner les préz de Mayenne ou Virveau avec les autres subjectz.

Item. — Lesdicts sieurs de Torbeschet et de la Valette et autres détempteurs relèvent de moy censivement le fief de la Geslinière et héritages en deppendant et me

---

(1) La Baillée.
(2) La Dalinière.

doibvent vingt-quatre sols, par une part, et deux solz, par une autre, audict terme.

Item. — Ledict sieur de Torbeschet, pour le fief de Mortelon, me doibt quarante-sept sols de debvoir, lequel est compris et déclaré cy-dessus avec les autres debvoirs de sa terre et seigneurie de Torbeschet.

Les enfans mineurs et héritiers de deffunct Claude Gaudin, vivant sieur de Villette, et autres détempteurs des héritages du Parc-Butavant, relèvant de moy censivement, me doibvent, au terme de Toussaincts, huit livres cinq solz.

Les propriétaires du pré de l'Escotay, prèz Sallair, relèvent de moy censivement, me doibvent un sol audict terme.

Les détempteurs d'une prise à rente, prèz le Rocher-Galesne, me doibvent huict solz, par une part, et deux solz, par autre.

Les détempteurs de la prise à rente de Launay-Brossier, quatre livres de debvoir.

Les détempteurs de la prise à rente de certains héritages entre les villages de l'Escotay et La Baillée, prèz ma forrest, me sont tenuz faire dix solz de debvoir.

Les détempteurs du fief Robert-Rouzé ou fief de Marigné doibvent dix sols à madicte recepte, au terme susdict.

Pour l'advancement d'une maison faite audict lieu du Rocher-Galesne, sur le bord de ma forrest, il m'est deub deux solz de debvoir.

Les détempteurs du fief de Margantin relèvent les héritages deppendant dudict fief censivement de mondict duché et doibvent vingt-huict sols de taille, dicte la « taille aux Chevalliers », audict terme d'Angevinne, et un charroy de rameaux pour la feuillée de Pentecoste, de ma forrest en mon chasteau.

Damoiselle Marie Richard, veuve feu Philippes Trois-

Verlez, vivant sieur de Coulonges, relève de mondict duché censivement dix arpents de terre qui estoient vacques en ma dicte forrest et qui furent fieffés audict sieur de Troisverlez par mes prédécesseurs, à la charge de douze deniers par arpent, ce qui faict dix solz de debvoir par an.

Les détempteurs d'une prise à rente, prèz l'estang du Rocher, en ma forrest, huict sols à l'Angevinne.

Parroisse de Chastillon

S'ensuivent les fiefs subjects au payement des froments qui sont deubz à ma recepte, au bouesseau de Barre, pezant quarante livres (poids de dix-huict onces) chacque bouesseau, au terme de Toussaincts de chacque année.

Mre Mathurin Le Courayer et autres détempteurs des héritages du fief de la Fosse-Thibault me doibvent un quart de bouesseau de froment.

Mathurin Préhu et autres détempteurs des héritages du fief du Petit-Pas me doibvent dix-huict bouesseaux et demy de froment.

Le dict Mre Mathurin Le Courayer et autres détempteurs des héritages du fief Geslin-Le-Royer me doibvent dix-huit bouesseaux et demy de froment.

René Rousseau et autres détempteurs des héritages du fief Faverier me doibvent treize bouesseaux de froment.

Mélanie [1] Geslin et autres détempteurs des héritages du fief de la Mochinière me doibvent onze bouesseaux de froment.

René Cazet et autres détempteurs des héritages du fief Bouton me doibvent neuf bouesseaux de froment.

[1] Ou Melaine.

Robert Perthuis, pour les héritages du fief au Pottier, me doibvent trois bouesseaux de froment.

André Polisse et autres détempteurs des héritages du fief Autor-Le Royer me doibvent cinq bouesseaux de froment.

Les héritages feu Robert Chevallier et autres détempteurs des héritages des fiefz Renault-Geslin et les Ribaiz me doibvent vingt-sept bouesseaux de froment.

Jean Morin et autres détempteurs des héritages du fief Hubert-Le-Bigot me doibvent onze bouesseaux et demy de froment.

François Launay et autres détempteurs des héritages du fief de la Baillée me doibvent huict bouesseaux de froment.

Pierre Couasnon et autres détempteurs du fief de la Heurtaudière me doibvent vingt-quatre bouesseaux de froment.

Pierre d'Authion, pour les héritages du fief Alleaume-Richard, me doibt un bouesseau un quart de froment.

Julien Garel, pour les héritages du fief Robert-Le-Cuillerier me doibt cinq bouesseaux de froment.

Jean Geslin et autres détempteurs des héritages du fief aux Rousseaux me doibvent vingt-deux bouesseaux de froment.

Guillaume Lepeltier et autres détempteurs des héritages du fief Collet-Vau-Hamelin me doibvent dix-sept bouesseaux un quart de froment.

Mathurine Le Vannier pour les héritages du fief Meslet-Chantepie, me doibt douze bouesseaux de froment.

Jean Paris et autres détempteurs du fief Burel me doibvent seize bouesseaux de froment.

Robert Chevallier, pour les héritages du fief de la Terre-Chappel, me doibt dix-sept bouesseaux de froment.

Mre Louis Arnoul, prebstre, et autres détempteurs des

héritages du fief Oddes-Le-Pottier, me doibvent six bouesseaux de froment.

La dicte Mathurine Le Vannier et autres détempteurs des héritages du fief Raoul-Lemoyne, me doibvent vingt-quatre bouesseaux de froment.

Michel Geslin et autres détempteurs des héritages du fief au Barillier [1] me doibvent dix-neuf bouesseaux trois quarts de froment.

Jean Rosset et autres détempteurs des héritages du fief de La Baillée me doibvent dix bouesseaux et demy de froment.

Melaine Geslin et consorts, détempteurs des héritages scituéz au fief de la Mochinière ou Tricottière [2], doibvent soixante sols à la Toussaincts.

Robert Goyet, Mathurin Préhu et consorts, détempteurs des héritages scituéz au fief Arnoul-Le-Royer, doibvent cinquante-six sols à la Toussaincts.

Guillaume Houzé, Mathurin Rosset et consorts, détempteurs des héritages au fief de la Goiardière [3] aliàs aux Goiards doibvent quarante sols à la Toussaincts.

Mre Louis Arnoul, prebstre, François Launay et consorts, détempteurs des héritages du fief de la Coullangère, huict sols à la Toussaincts.

Mre Jean Margotton, prebstre, René Gonnet, et consorts, détempteurs des héritages deppendans du fief Heussevin, doibvent vingt-six livres, deux tiers d'avoyne et huit sols en argent à l'Angevinne et les corvées à faucher en la lande de Savigné.

Jacques Bouju, Charles Letourneux et consorts détempteurs des héritages deppendans du fief des Landes de Montaudain, doibvent six deniers.

René Lefebvre, escuyer, sieur de Loyère et les héri-

---

(1) Barillier ou Barillet.
(2) Triconnière.
(3) La Goyardière.

tiers Jean de la Tousche-Belle-Espine, pour les héritages situéz au lieu et environs de Belle-Espine, doibvent
douze deniers à l'Angevinne.

Le fief du Fresne, doibt cinquante-quatre bouesseaux
d'avoyne.

Les Pastis-Guyots, à costé de Géhard, près ma forrest,
doibvent un sol, au terme de Toussaincts.

PARROISSE DE VAULTORTE

S'ensuivent les fiefs subjectz au payement des froments qui sont deubz à ma recepte au bouesseau de
Barre, pezant quarante livres (poids de dix-huit onces)
chaque bouesseau, au terme de Toussaincts de chaque
année.

Macé Margotton et autres détempteurs des héritages
du fief Michel-de-l'Abbaye, me doibvent sept bouesseaux de froment.

René Cazet, escuier, sieur de la Grange, et autres
détempteurs du fief Gastel doibvent dix-sept bouesseaux
de froment.

Le dict Macé Margotton et autres détempteurs des
héritages du fief Hallier me doibvent sept bouesseaux
et demy de froment.

Mre Nicolas Bruslard et autres détempteurs des héritages du fief Jean-Morin me doibvent cinq bouesseaux
de froment.

Le dict sieur Cazet et autres détempteurs des héritages
du fief Mainneuf me doibvent douze bouesseaux de
froment.

Jean Durand et autres détempteurs du fief Guillaume-
Dolbois me doibvent douze bouesseaux de froment.

Jean Durand et autres détempteurs des héritages du
fief Raoul-Le-Royer me doibvent trente-deux bouesseaux et demy de froment.

Michelle Granger et autres détempteurs des héritages du fief Gesfray-Vieuville me doibvent dix-sept bouesseaux de froment.

Le dict Durand et autres détempteurs des héritages du fief Le Royer me doibvent onze bouesseaux et demy de froment.

Le dict sieur Cazet, prévost, et autres détempteurs des héritages du fief Loistron me doibvent huict bouesseaux et demy de froment.

Marie Mieuset et autres détempteurs des héritages Pelvin me doibvent treize bouesseaux et demy de froment.

Pierre Bailleu et autres détempteurs du fief de la Colletière me doibvent quatre bouesseaux et demy de froment.

Jean Mochin et autres détempteurs des héritages du fief Jamet-Le-Forestier me doibvent cinquante-quatre bouesseaux de froment.

Mre Simon Girard et autres détempteurs des héritages du fief Richard-Nicolle me doibvent six bouesseaux de froment.

Le dict Mre Simon Girard et autres détempteurs des héritages du fief de Terre-Bricet me doibvent trois bouesseaux et demy de froment.

Le dict sieur Cazet, prevost, pour les héritages du fief Archer, me doibt trois bouesseaux de froment.

François de Monguerré et autres détempteurs des héritages du fief Avril me doibvent six bouesseaux et demy de froment.

Mre Julien Gasté et autres détempteurs des héritages du fief de la Morissière me doibvent neuf bouesseaux trois quarts de froment.

Jean Le Loup et autres détempteurs des héritages du fief aux Perriers me doibvent six bouesseaux de froment.

Le dict sieur Cazet, prevost, et autres détempteurs des

héritages du fief aux Mahéz me doibvent sept bouesseaux de froment.

Le dict sieur Cazet et autres détempteurs des héritages du fief Barbeu me doibvent onze bouesseaux de froment.

Le dict sieur Cazet et autres détempteurs des héritages du fief Guillaume-Guérin me doibvent sept bouesseaux et demy de froment.

Marie Mieuset et autres détempteurs des héritages du fief Pierre-de-la-Forest me doibvent sept bouesseaux un quart de froment.

Mre Nicolas Bruslard, premier président de vostre cour de Parlement de Dijon, pour les héritages du fief Guérin-Guyard, me doibt sept bouesseaux un quart de froment.

Le dict Mre Nicolas Bruslard, premier président de vostre cour de Parlement de Dijon, pour le fief Jean-Tieufaine, me doibt seize bouesseaux de froment.

Le dict sieur Bruslard, pour les héritages du fief Hamon-Tieufaine, me doibt seize bouesseaux et demy de froment.

Georges Vannier et autres détempteurs des héritages du fief Collet-Pitié me doibvent dix-sept bouesseaux et demy de froment.

Le dict François de Monguerré et autres détempteurs des héritages du fief Maubourdays me doibvent treize bouesseaux de froment.

Le dict sieur Cazet, prevost, et autres détempteurs des héritages du fief Pierre-Dumesnil, me doibvent dix-huict bouesseaux et demy de froment.

Le dict sieur Cazet et autres détempteurs des héritages des fiefz Raoul-Hercent et aux Tasforeaux me doibvent dix-huict bouesseaux de froment, scavoir : aux Tasforeaux sept et demy, et à l'autre dix et demy.

Jean Morin et autres détempteurs des héritages du fief

aux Bélots me doibvent onze bouesseaux et demy de froment.

Ledict François de Monguerré, procureur de René Cazet, sieur d'Aligné, pour les héritages du fief Guillaume-Le-Royer, me doibt treize bouesseaux de froment.

Ledict sieur Cazet et autres détempteurs. des héritages du fief Rocquentin me doibvent onze bouesseaux de froment.

Le dict sieur Cazet et autres détempteurs des héritages du fief Hamarche me doibvent huict bouesseaux et demy de froment.

Mathurin Cheue et autres détempteurs des héritages du fief Hauton me doibvent quatorze bouesseaux de froment.

Mʳᵉ Mathurin Ruffault, prebstre, Marie Mieuzet, sa mère, et autres détempteurs du fief du Clos-de-la-Coutancière, aliàs des Quatre-Sols, relèvent le dict fief censivement de mon dict duché et me doibvent à la Toussainctz quatre sols de debvoir.

Mʳᵉ Michel Guesdon, prebstre, René Chardon et autres détempteurs des héritages du fief de Mon-Héage relève censivement de mon dict duché, doivent à ma recepte vingt-cinq solz de taille dite la « taille aux Chevalliers » et quarante-huict bouesseaux d'avoyne à ma mesure, au terme d'Angevinne.

Les détempteurs du fief de la Coltière ou Clos-Loiselier relèvent aussy censivement de mon dict duché, me doibvent trois sols six deniers au dict terme.

Les détempteurs du fief de Mongaucher me doibvent, au dict terme d'Angevinne, cinquante bouesseaux d'avoyne.

Parroisse de Placé

S'ensuivent les fiefz subjectz au payement des froments qui sont deubz à ma recepte au bouesseau de Barre, pezant quarante livres (poids de dix-huict onces), chacque bouesseau, au terme de Toussainctz, chacque année.

Mre André, marquis du Plessis-Chastillon, propriétaire des héritages scituéz au fief nommé le fief au Touzé, relevant de mon dict duché censivement, me doibt, audict terme de Toussaincts, seize bouesseaux de froment, à la dicte mesure de Barre.

Item. — Le dict sieur marquis du Plessis me doibt, pour le fief Roger-Noël, neuf bouesseaux de froment, à la dicte mesure.

Item. — Le dict sieur du Plessis me doibt, pour le fief Raoul-Hamon, six bouesseaux de froment, à la dicte mesure.

Item. — Le dict sieur marquis du Plessis me doibt, pour le fief Robinaize, onze bouesseaux de froment, à la dicte mesure.

Mre Jean Legros, prebstre, curé de Saint-Germain-d'Anxure, me doibt, par le fief Bellet, demy bouesseau de froment, à la dicte mesure.

Magdelon de Vahaye, escuier, pour les héritages qu'il tient au fief de la Grange, me doibt trois bouesseaux trois quarts de froment, à la dicte mesure.

Item. — Ledict de Vahaye me doibt, par le fief Fourmond-Aubin, quatre bouesseaux de froment, à la dicte mesure.

Item. — Ledict de Vahaye et autres détempteurs du fief de la Grange-au-Mercier me doibvent deux bouesseaux trois quarts de froment, à ladicte mesure.

Pierre de Goué, escuier, sieur de Moulin-Neuf, et autres détempteurs des héritages du fief Royer-Beaufeu, me doibvent quatre bouesseaux trois quarts de froment, à la dicte mesure.

Item. — Le dict sieur de Goué et autres codétempteurs du fief Soucherel me doibvent sept bouesseaux trois quarts de froment, à la dicte mesure.

Item. — Le dict sieur de Goué me doibt, par les fiefz aux Tourneux, aux Méaux et au Ribouillier, huict bouesseaux de froment, à la dicte mesure.

Item. — Le dict Mre Jean Legros, prebstre, curé de Saint-Germain-d'Anxure, et autres codétempteurs des héritages du fief Mahé-Le-Moulnier me doibvent sept bouesseaux de froment, à la dicte mesure.

Item. — Le dict sieur Legros et autres détempteurs des héritages du fief de la Monstre-Raoul-Guittier me doibvent quatre bouesseaux de froment, à la dicte mesure.

Item. — Secoué et autres codétempteurs des héritages du fief Verron me doibvent six bouesseaux de froment, à la dicte mesure,

Item. — Le dict Secoué me doibt, par le fief Fleurier, quatre bouesseaux de froment, à la dicte mesure.

Perrine Guérin me doibt, par le fief aux Soucheliers, douze bouesseaux deux tiers de froment, à la dicte mesure.

René Guyard me doibt, par le fief Riderel, dix bouesseaux de froment, à la dicte mesure.

Item. — Le dict Jean Secoué me doibt, par le dict fief aux Polisseaux, quatre bouesseaux de froment, à la dicte mesure.

Item. — Le dict Secoué me doibt, par le fief au Cornu, neuf bouesseaux de froment, à la dicte mesure.

Item. — La dicte Perrine Guérin me doibt, pour le fief Benoist-Burel, cinq bouesseaux de froment, à la dicte mesure.

Mre Jean Legros, prebstre, curé de Saint-Germain-d'Anxure et ses codétempteurs en trente arpens de terre sur les Haultes-Bruères doibvent trente sols à la Toussainctz, qui est douze deniers par arpens.

Pierre de Goué, escuier, sieur de Moulin-Neuf, et autres détempteurs des héritages de la Grande-Monstre au fief Nouain aliàs Noisette, me doibvent soixante sols, au terme d'Angevinne.

Estienne de Bonnaire, pour les pièces de terre nommées les Déserts, me doibt trois sols à l'Angevinne.

Ambroise Barbe, détempteur du lieu et fief de la Grippe ou Clou au Nain, me doibt quatre sols six deniers à la Toussainots.

Le fief de la Sorie ou la Trotrie me doibt onze sols.

Le fief de la Landelle me doibt deux sols.

Les Tesnières, un sol huict deniers.

Le Champ Faillais me doibt quinze bouesseaux d'avoyne, dont je proteste me faire obéir.

§ 5. — *S'ensuivent les fiefz, rentes et héritages relevant censivement de mon dict duché, par le moyen de ma chastellenie d'Ernée.*

Premièrement. — Les maisons et jardins, scituéz en ma dicte ville d'Ernée, me doibvent, pour la taille dicte la « taille émage », la somme de douze livres par chacun an, au terme d'Angevinne, qui doit être serrée par le sergent fieffé de la Baillie d'Ernée.

Item. — Les dictes maisons me doibvent, de cens, au dict terme, la somme de douze livres ; lequel cens estoit antiennement de cinquante livres, mais la plus grande partye des maisons de ma dicte ville ayant été démolie et ruisnée par les guerres et réduittes au nombre de vingt maisons, la dicte somme de cinquante livres fut aussy réduitte à celle de douze livres, à la charge que si le nombre des dictes maisons augmentait, célles qui seroient basties ou rédifiées de nouveau devroient à l'advenir chacune cinq sols de cens, outre la dicte somme de douze livres.

Le sergent fieffé de la vairie d'Ernée me doibt trois livres par an.

Parroisse de Montenay

Mre Pierre Chouet, sieur de Gevereau, pour son moulin de Raganne, me doibt trois livres deux solz à la Chandeleur et trois livres deux sols à le my-août.

Une portion de terre, à la queue de l'estang du dict moulin de Raganne, me doibt un sol six deniers.

Une autre prize à rente, prèz le dict estang, nommée la prize à rente Rolland-Diné, un sol six deniers.

Jean Leloup, Pierre Gaultier ou autres détempteurs de la Monardaye et le fief Forestier me doibvent dix sols de debvoir.

Les sieurs de Gevéreau payoient antiennement à mon dict duché dix-huict bouesseaux d'avoyne.

Les sieurs du fief de la Gandie me doibvent six bouesseaux.

Le fief des Genetaiz me doibt quarante-huict bouesseaux.

La Martelière me doibt dix-huict bouesseaux.

Desquelles rentes en avoyne de Gevereau, la Gandie, les Genetaiz et la Martelière et Duval-Egarré, pour deux bouesseaux, n'ont point esté payéz à ma recepte depuis longtemps, protestant m'en faire obéir.

Anthoine Le Pescheux, par le fief de Logerie[1], me doibt deux deniers de debvoir.

____

(1) L'Ogerie.

Parroisse de Chailland

Le fief de la Haulte-Chauvière me doibt douze bouesseaux d'avoyne, au terme d'Angevinne.

Le fief de la Basse-Chauvière me doibt aussy douze bouesseaux d'avoyne, au dict terme.

Le fief Duval-Dauthion me doibt quatorze bouesseaux d'avoyne, au dict terme.

Le fief des Orbières [1] me doibt dix sols de debvoir féodal.

Le fief de la Chardonnière, soixante sols.

Le propriétaire du lieu de Lassis [2] me doibt, pour la prize à rente Lemaiant, quatre livres.

Pour une autre place, prèz le lieu de Lassis, un sol.

Parroisse de Saint-Hilaire-des-Landes

Le fief de Vaumorin et la Mestairie me doibvent vingt-quatre bouesseaux d'avoyne.

Le sieur Duval, à cause du dict lieu, me doibt trente bouesseaux d'avoyne.

Parroisse de Désertines

Les propriétaires de la Villaine me doibvent vingt-six sols de debvoir.

Parroisse de la Bigottiére

Les détempteurs du fief de Miré ont antiennement deub et payé à la recepte de mon dict duché le nombre de cinquante bouesseaux d'avoyne ; ayant discontinué le payement du dict debvoir, je proteste m'en faire obéir.

(1) Les Orbries.
(2) Lassif.

§ 6. — *S'ensuivent les fiefz, rentes et héritages relevant censivement de mon dict duché par ma chastellenie du Pontmain.*

Premièrement. — Il m'est deub, sur les maisons du Pontmain, quarante sols de taille, dicte la « taille émage »; outre laquelle, il m'est deub par Mre François de Rommilly, pour une maison manable avec ses deppendances et vingt-cinq journaux de terre labourable, prèz le Pontmain, douze deniers de cens, au jour de Noël.

Item. — Le dict sieur de la Chesnelaye, pour une autre maison joignant la grande rue, pareille somme de douze deniers de cens, au terme de Chandeleur.

Item. — Par le dict sieur marquis de la Chesnelaye, pour une autre grande maison, jardin et leurs deppendances, douze deniers de cens, audict terme de Chandeleur.

Item. — Ledict sieur marquis tient de moy et relève censivement plusieurs héritages aux environs du Pontmain et parroisse Saint-Mars-sur-la-Futaye, pour lesquels il me doibt subjection et obéissance.

Les propriétaires de plusieurs maisons et jardins, scituéz au dict lieu et environs du Pontmain, me doibvent aussi diverses sommes de deniers, pour le cens et debvoir féodal, desquels je proteste me faire obéir.

Les propriétaires de plusieurs pièces de terre labourable, préz et vallée, me doibvent aussy diverses sommes de deniers, pour cens ou debvoir féodal qu'ils ont discontinué payer et dont je proteste me faire obéir.

Parroisse de Saint-Mars-sur-la-Futaie

Le propriétaire d'un pré nommé le pré de Mayenne, me doibt trente sols de debvoir féodal.

Parroisse de Larchamp

Le fief de la Gendrie, me doibt, au terme de Pentecoste et Noël, autres vingt-deux sols.

Le fief de la Ligertaie me doibt quatorze sols, par une part, et dix-sept sols, par autre, ausdicts termes de Pentecoste et Noël.

Le fief de la Guibourgaye me doibt quatorze sols, par une part, et quatorze sols, par autre, ausdicts termes.

Le fief de la Bodinaye me doibt dix-sept sols six deniers, par une part, et dix-sept sols six deniers, par autre, ausdicts termes.

Le fief Caléas ou Valéas me doibt vingt-sept sols six deniers, par une part, et dix-huit sols, par autre.

§ 7. — *Rentes en froment à moy deubes à ma dicte chastellenie du Pontmain, au terme de Toussaincts.*

Parroisse de Fougerolles

A ma mesure du Pontmain :

Les fiefz des Enais, huict bouesseaux, trois chappons et trois poulles.

Le fief de la Rousselière, dix bouesseaux de froment.

Le fief de la Fiollais ou Fillois sept bouesseaux trois quarts.

Le fief de la Gouaudière, cinq bouesseaux.

Le fief de la Tabière ou Tabuère, dix bouesseaux de froment et quatre poulles.

Le fief de la Thibaudière, neuf bouesseaux et demy.

Le fief de la Poublière, six bouesseaux.

Le fief de la Salmonnière, sept bouesseaux.

Le fief de la Sablerye, un bouesseau et demy.

Le fief des Loges, un bouesseau.

Le fief de la Mailliardière, quatre bouesseaux.

Le fief de la Germondière, six bouesseaux.

Le fief de la Louaudière ou Leudière, un bouesseau.

Le fief de la Bourdonnière, cinq bouesseaux.

Le fief de Bouillon, un bouesseau.

Parroisse de Vieuvy

Autres froments, en Vieuvy, à la mesure Saint-Aubin, au dict terme de Toussaints.

Le fief Livardel, cinq bouesseaux.

Le fief de la Vivannière, trois bouesseaux un quart.

Le fief de la Cosseminière, douze bouesseaux trois quarts.

Le fief de la Tehelière, huict bouesseaux.

Le fief aux Montambaux, huict bouesseaux.

Le fief de la Beltière, trois bouesseaux.

Le fief de la Garlière, un bouesseau.

Le fief des Quatre-Tiers aliàs les Haies, quatre bouesseaux.

Parroisse de Hercé

Autres froments, en la parroisse de Hercé, dite mesure du Pontmain.

Le fief des Hays de Mayenne, cinq bouesseaux.

Le fief de la Haulte-Coutancière, un bouesseau et demy.

Le fief de la Basse-Coutancière, cinq bouesseaux.

Le fief de la Baconnière, six bouesseaux.

Parroisse de Coulombiers

Mre Jean des Vaux, marquis de Lévaré, par le fief Michel Gillot Deshays, me doibt six bouesseaux de froment, à la mesure de Gorron.

§ 8. — S'ensuit la déclaration des fiefz et héritages relevant censivement de ma terre de Charné-Bazeille réunie à mon dict duché.

Le prieur d'Ernée relève censivement une pièce de terre, nommée la Prouverie, pour laquelle il me doibt sept deniers obolle, de debvoir, au jour Saint-Martin.

Les propriétaires du pré nommé le pré aux Aniaux me doibvent quatre deniers, audict terme.

Pour trois places, à présent édifiées en maisons et jardins, m'est deub six sols de debvoir féodal, au dict terme.

Une autre place nommée la place à la Mitte, deux sols.

Froments, au terme d'Angevinne, à ma mesure d'Ernée.

Le fief de la Brimannière me doibt neuf bouesseaux de froment.

Le lieu du Feil-Alins, treize bouesseaux.

Avoynes, au terme d'Angevinne, deubes par les subjects du Bois-Berranger, par arrière-fief, à ma mesure d'Ernée.

Les détempteurs des terres nommées « le demy-fief » de la Guérinière, cinq bouesseaux d'avoyne.

Le lieu de la Rouablière, onze bouesseaux.

Le lieu des Bretonnières, seize bouesseaux.

Le fief de Fougerolles-Duchesne, vingt bouesseaux.

Autres debvoirs tant en grains, argent, qu'autres redevances.

Le fief du Bas-Mébertin me doibt quarante sols, au terme d'Angevinne, et deux poulles à Noël et dix bouesseaux de blé-seigle.

Le fief de la Besnardière quarante-deux sols, trente-six

bouesseaux d'avoyne et deux poulles, au terme d'Angevinne et Noël, avec cinq corvées au dommaine de Mébertin à sayer et battre le blé.

Le fief Bouessée Le Guyard, vingt-six bouesseaux d'avoyne, à l'Angevinne.

Le fief de la Couldre, quatorze bouesseaux d'avoyne, au terme d'Angevinne.

Le fief du Hault-Bois, le fief Vayer et le fief du Bois-Louvet, soixante-douze sols et soixante-quatre bouesseaux d'avoyne à l'Angevinne, et à Noël vingt-trois sols et trois poulles, avec les corvées à sayer et battre au dommaine de Mébertin.

Le fief de Verrière, quatorze sols et vingt-un bouesseaux d'avoyne, au terme d'Angevinne, et sept sols à Noël, et cinq corvées à battre et sayer au dommaine de Mébertin.

Le fief de Verrière aux Bouestards, vingt-quatre bouesseaux d'avoyne, au terme d'Angevinne.

Le fief des Bas-Verrières, six bouesseaux d'avoine, à l'Angevinne.

Le lieu de Sourgoin, soixante et douze sols et soixante quatre bouesseaux d'avoyne, à l'Angevinne, à la Pentecoste vingt-deux sols, et à Noël vingt-quatre sols et trois poulles.

Le lieu et héritages de Gillier [1], vingt-quatre sols et vingt-quatre bouesseaux d'avoyne, à l'Angevinne, et à Noël vingt sols et trois poulles.

Le lieu de la Secourie, quatorze bouesseaux d'avoyne, à l'Angevinne.

Le demy fief Pennard ou Pannard, sept bouesseaux demy-quart d'avoyne, à l'Angevinne.

Le lieu et fief des Ponts, quatorze bouesseaux d'avoyne à l'Angevinne.

_____

(1) Ou : Hillier.

Le fief de Mielle et Petit-Mébertin, vingt-un bouesseaux d'avoyne, à l'Angevinne.

Les fiefz de Hermillon, dix sols et trente-six bouesseaux d'avoyne, à l'Angevinne.

Le lieu et héritage de la Pescherie, vingt sols.

Tous les grains cy-dessus spécifiéz sont deubz à la mesure d'Ernée.

§ 9. — *S'ensuit la déclaration des fiefz et héritages relevant censivement de mon dict duché, par la réunion de ma terre et seigneurie de Langrumière.*

Le fief de la Chervinière doibt à ma recepte trois bouesseaux et demy d'avoyne, au terme d'Angevinne, à ma mesure de Mayenne.

Le fief de la Huardière six solz et cinq bouesseaux d'avoyne à l'Angevinne, mesure de Mayenne.

Certaines maisons au bourg de la Chapelle-au-Grain et par le fief de la Jourdonnière, sept sols sept deniers et deux bouesseaux d'avoyne.

Le fief de la Rochette, six deniers et un bouesseau d'avoyne.

Le fief de la Charcherie, quatorze sols en argent et douze bouesseaux au dict terme.

Le Champ des Bedouaudières, douze deniers.

Le Champ au Briand, douze deniers et trois bouesseaux d'avoyne.

Le Champ de la Hoguinière, sept sols et deux bouesseaux d'avoyne.

Le fief de la Hoguinière, trois sols neuf deniers.

Le fief de la Papinière, trois sols neuf deniers, six poullets à la Pentecoste et deux poulles à la Chandeleur.

Le fief de la Barillaye, douze sols et huict bouesseaux d'avoyne.

Certaines maisons à la Chapelle-au-Grain, cinquante quatre sols, au terme de Noël.

Autres maisons et terres aux environs du dict bourg, deux sols sept deniers et un bouesseau d'avoyne, à l'Angevinne.

Le fief aux Rousseaux, scitué au dict bourg, cinq sols à l'Angevinne.

Autres maisons au dict bourg, deux sols trois deniers.

Une pièce de terre nommée le Rotis, un denier.

Certains héritages que tenoit Gesfray Bayon, cinq deniers, à l'Angevinne.

Une pièce de terre nommée le Pain-Bonnet, deppendant du fief de la Jacopierre, douze deniers et un bouesseau d'avoyne, payéz par le fief de la Huardière, en l'acquit du dict fief de la Jacopierre.

Le Champ-Blanc, douze deniers et un bouesseau d'avoyne.

Le verger de devant Monchamp, deux bouesseaux un quart d'avoyne.

Une demie hommée de pré au pré Dommesche, cinq sols.

Le fief des Meunières, un denier et obolle.

La maison qui fut feu Robert Le Roy et scituée au dict bourg, huict sols neuf deniers, à Noël.

Les maisons qui furent aux Buissons, au dict bourg, six sols six deniers à Noël.

Les maisons et terres aux Baguelins, six sols six deniers obolle.

Autres terres et maisons qui furent Robert Le Royer, huict sols neuf deniers, à la Pentecoste.

Sur les dictes maisons qui furent aux Buissons, six sols dix deniers, à la Pentecoste.

Sur les dictes maisons qui furent aux Baguelins, six sols dix deniers, au dict terme de Pentecoste.

Les détempteurs de tous lesquels fiefz sont obligéz aux corvées cy-dessus, à plesser les plesses de mon dommaine, à fanner les préz d'icelluy, à curer le bieu de mon moulin ; lesquelles corvées, j'ay le droict de prendre aussy sur les fiefz de la Beneudière, de Lesnolière et de la Renaudière.

§ 10. — *S'ensuit la déclaration des autres cens et debvoirs qui me sont deubz à cause de ma seigneurie de la Danvollière réunie à mon dict duché.*

Premièrement. — Le sieur d'Ivoy, à cause du Champ des Nos et Rue de Buffayères, me doibt, par chacun an, au terme d'Angevinne, vingt deniers, un chappon et un bouesseau de froment, mesure de Gorron ; lequel debvoir ayant refusé de payer, je proteste m'en faire obéir.

Le sieur des Hays, pour les héritages qui furent feu Huet de Montaubais, quatre sols au dict terme.

Les héritiers Guillaume Montarguin, pour le fief des Censives, dix sols au dict terme.

Item. — Les dicts héritiers, pour le champ de la Roche, douze deniers, une géline, au terme de Noël, et une corvée pour employer à sayer à mon dommaine ou autre chose nécessaire.

Les détempteurs du lieu de la Mouvannerie, huict sols au dict terme.

Les héritiers Jean Bailleul, deux pièces de terre nommées les champs des Rochelles, cinq sols et deux bouesseaux d'avoyne, mesure de Pontmain, fouléz et combléz, au dict terme d'Angevinne.

Les détempteurs des fiefz des Préz, quatorze sols, une poulle et trois bouesseaux d'avoyne combléz, fouléz, et une corvée à sayer ou faire autre chose nécessaire à mon dommaine.

Les détempteurs d'une pièce de terre nommée le Devoir, quatre sols, au jour de Noël.

Les détempteurs du fief du Pont-Aunay, quarante solz au terme d'Angevinne, et quarante sols, à Noël; quel debvoir ils refusent me payer, protestant m'en faire obéir.

Les détempteurs du fief de Lombois, douze sols neuf deniers à l'Angevinne, douze sols neuf deniers à Noël, dont je proteste aussy me faire payer.

Les détempteurs des fiefs Rambert et du fief Russel, du fief Meslot et du fief de la Serre, vingt-quatre sols, trois poullets, neuf bouesseaux d'avoyne fouléz et combléz, le tout au dict jour de Noël, et deux corvées à mon dommaine.

Les héritages qui furent feu Gesfray Cherbonnel, dix sols, demy bouesseau de froment et demy bouesseau d'avoyne, à la mesure de Pontmain, au dict terme de Noël.

Le fief de la Gesfelonnière, dix sols, demy bouesseau de froment et demy bouesseau d'avoyne comblé, à la dicte mesure, terme de Noël.

Les héritages Gervaise de la Haye, pour une pièce de terre, nommée le Gage, un sol six deniers, audict terme.

Les dicts héritiers pour leur portion du fief de Langelerie, sept sols audict terme.

Les détempteurs de Letrecherie, cinq sols et une géline audict terme.

Les détempteurs de la Lande des Préz, deux sols.

Les héritiers de Jean Lecoq, pour le fief de Langelerie, huict sols deux gélines et dix bouesseaux d'avoyne, comblés et foullés, à la dicte mesure, et deux corvées aux choses nécessaires à mon dommaine.

Les dicts héritiers, à cause d'une pièce de terre, nommée le Cloux Chauvin, une paire de gands, audict terme de Noël.

Les héritages Guillaume Montarguin, à cause de l'Esnaudière, douze sols, une géline et une corvée à mon dommaine.

Les héritiers Jamin Boussard, pour les héritages de la Gandonnière, quarante sols audict terme de Noël.

Les héritiers Jean Guérif et autres détempteurs de Villechevreul, dix bouesseaux d'avoyne, foullés et comblés, à la dicte mesure et terme de Noël.

Sur tous lesquelz fiefs et héritages en deppendants cy-dessus déclaréz, relevants censivement de mon dict duché, chastellenies, terres et seigneuries, j'ay droict de toute justice civille et criminelle, amendes, confiscations, droicts de bastardise, espaves mobilières et foncières, ventes et yssues, avec le pouvoir de contraindre tous les détempteurs desdicts fiefz de venir mouldre leurs grains à mes moulins, chacun en droict soy, et généralement tous droicts seigneuriaux, féodaux à moy appartenant, suivant la coustume générale de vostre province du Maine et coustume locale de mon dict duché.

Pour raison et à cause duquel mon dict duché et ses deppendances, je vous doibs, mon souverain seigneur, outre la foy et hommage cy-devant déclarée, toute subjection, fidélité et obéissance avec tous les droicts et debvoirs qu'il plaira à vostre majesté me prescrire, protestant n'avoir obmis aucune chose que j'aye deub employer qui soit venu à ma connoissance, et que sy je trouve dans la suitte en avoir obmis, je déclare à vostre majesté que je m'en advoue, le desfaut en pouvant estre venu par la perte de la plus grande partie des tiltres de mon dict duché, arrivée pendant les guerres civiles et des Anglois, pendant lesquelles les chasteaux de mes villes de Mayenne· et d'Ernée et du Pontmain furent pillés et ruisnéz, suppliant Vostre Majesté de me permettre d'employer au présent adveu que je luy rend la protestation que je fais que le desnombrement et déclaration des debvoirs qui me sont deubz par mes vassaux, subjects et rentiers ne me pourra nuire ny préjudicier, en cas qu'ils m'en doibvent de plus grands. En tesmoing de quoy, j'ay signé le présent de ma main et à iceluy faict apposer le cachet de mes armes.

A Paris, le onzième jour d'avril mil six cent soixante-neuf.

Signé : Armand-Charles Mazariny.

Au bas est le cachet en cire rouge des armes dudict seigneur duc de Mazarin et à costé est escript :

Colla^{on} du présent adveu et desnombrement a esté faicte au semblable d'icelluy, retenu en la Chambre des Comptes, et le semblable d'iceluy deuement collationné, renvoyé au Séneschal du Maine ou son lieutenant, au Mans, pour estre vérifié selon le contenu en l'expédition de la Chambre de ce jourd'hui xxviiie juin 1669, par nous, Conseiller du Roy, auditeur ordinaire en la dicte Chambre, soubzsigné.

Signé : Lejan.

Collationné à l'original par moy conseiller secrétaire du Roy, maison couronne de France et de ses finances.

Signé : de Croisy.

APPENDICE

—

A [1]

Hommages féodaux rendus aux seigneurs de Mayenne

Les obéissances féodales que nous signalons se rapportent en général à quatre époques : 1387-1388 ; — 1450-1458 ; — 1518-1519 ; — 1570 [2].

Ambrières : 1457, Hardouin de Maillé. — 1571, René du Bellay.

Angrumière (La terre, fief et seigneurie de l'), en Saint-Georges-Buttavent : 1387, Huet Augrin, pour partie de la terre de l'Angrumière. — 1452, Huet Augrin, pour raison de son hébergement de l'Angrumière. — 1561, Elie de l'Angrumière, écuyer, sieur dudit lieu. — 1570, François de l'Angrumière.

Antiquelières (Les) et la Blinière, en Larchamp et en Saint-Ellier : 1518, Jacques Le Jarriel.

Aron : 1458, Pierre des Erglantiers, seigneur d'Aron et du Bois-au-Parc.

Aubert (La terre et appartenances d'), en Chailland : 1387, Guyon de Fontenailles. — 1451, Guyon de Fontenailles. — 1561, Jean de Fontenailles, seigneur d'Aubert.

Augeard, en Saint-Fraimbault-de-Prières : 1421, Pierre d'Anthenaise. — 1452, Jean d'Anthenaise.

Augeard, en Saint-Georges-Buttavent : 1421, Héritiers

(1) Voir *Suprà*, page 1.

(2) Voir *Archives Nationales*, P. 1334, 1349 ; — *Histoire des Seigneurs de Mayenne,* par Guyard de la Fosse, pages 96 et suiv., 118 et suiv.

de Colas de Vivaing. — 1456, Colas de Li..., écuyer, sieur de Vivaing.

Averton : 1403, le comte d'Alençon.

Barillère ou *Barillerie* (La), en la Croixille : 1518, Jean de Couasnon.

Barres (Les), en Oisseau : 1451, Guillaume de Pennart. — 1518, Marie Métayer, veuve de Gilles Placier.

Bas-Mont ou des *Monts* (Le fief et appartenances du), en Moulay : 1387, Geoffroy Février, bail de Geoffroy, son fils. — 1453, Guillemine Richer, veuve de Pierre Hay.

Baudais (L'hébergement de), ville de Mayenne : 1387, Robert Châlon. — 1518, Michel Théard.

Bazoge-Montpinçon (La) : 1454, Jean de Lespine.

Berne (Le prieuré de), en Saint-Baudelle : 1454, Frère Raoul Le Mercier.

Bublière, de la Gougeonnière et de la Saulnerie (Fiefs de la), en Saint-Denis-de-Gastines : 1387, Jean du Bailleul, bail d'Alain son fils. — 1452, Jean du Bailleul. — 1518, Gilles du Bailleul. — 1570, Pierre du Bailleul.

Biardière (La) et la Cherbonnellière, en Vieuvy : 1387, Guillaume de la Vairie. — 1458, Christophe de la Vairie. — 1518, Guillaume de la Vairie [1].

Bilheudière (La) et Gastines, en Saint-Denis-de-Gastines : 1518, Jean de Froullay. — 1570, Louis de Froullay.

Blinière (La), (Voir Antiquelières).

Bois-Béranger (Le) et la Censive, en Saint-Denis-de-Gastines : 1387, Geoffroy du Bois-Béranger, pour la terre du Bois-Béranger. — ... Jean de Landivy. — 1518, Guyon le Sénéchal. — 1664, Hyacinthe de Quatrebarbes, marquis de la Rongère, époux de Françoise du Plessis-Châtillon.

---

[1] Guillaume de la Vairie était le frère de Jérôme de la Vairie, traducteur des harangues de Thucydide et de l'histoire romaine de Tite-Live.

Bois de Mont (Le), en Oisseau : 1570, Jean de l'Isle.

Bois Guyet (Le) ou *Bois-Guet*, en la Croixille : 1518, Jean Aubert. — 1659, Mathurin Charil.

Bois-Marteau ou *Bois-Martel* (La haute justice de la terre du), en Montourtier : 1387, Jean de Lande-Repoustre (Landepoutre). — 1458, Jean de Landrepoustre. — 1518, Bertrand de Caradeuc. — 1570, Joachim de Caradeuc.

Boissière ou *Bouessière* (La terre de la), en Loupfougères : 1387, Jean de Logé, seigneur de Villeneuve et de Gesnes.

Boulonnaye (Le domaine de la), en Juvigné-des-Landes : 1454, Jean de Courtoux. — 1518, Jean de Courtoux. — 1570, Nicolas de la Corbière.

Bourgneuf (Le), en Jublains : 1387, Isabeau de la Beunache, épouse de Nicolas Lalobe. — 1458, Louis de Bouillé.

Bourgon (La forêt de) : 1452, Jean de Montéclerc. — 1518, Louis de Montéclerc.

Buron (La terre du), en Saint-Berthevin-la-Tannière : 1387, Robert de Loré. — 1455, Jean de Loré. — 1518, Yves de Loré.

Censive (La), (Voir le Bois-Bérenger).

Chabossaie (la), en la Bazoge-Montpinçon : 1518, Jean de Launay.

Chailland (Haute, moyenne et basse justice sur partie de) : 1387, Jean Guérin.

Chailland (La grande baillée fayée de) : 1387, Michel de la Touche.

Chaise (La), en Désertines : 1518, Louis de Villeprouvé. — 1660, François Forcardel, commissaire et receveur des saisies réelles, chargé de l'administration des terres de la Vairie et de la Chaise, saisies sur Nicolas des Ormes à la requête de Philippe de la Vairie.

Chambellay et de Turquant (Fief, paroisses de) : 1387, Saint-Aubin de Turquant.

Champagne (L'Abbaye de) : 1453, Jean, abbé.

Champéon (Fief en) : 1455, Robin de Saint-Fraimbault. — 1518, Guillaume de Saint-Fraimbault.

Champgenéteux (Le prieuré de) : 1453, Frère Guillaume Relief.

Champorin (La haute justice de), en Saint-Denis-de-Gastines : 1518, Rolland Le Hérissé. — 1570, Guillaume de la Fontaine.

Changé (Baillée fayée de la Motte de) : 1387, Michel de la Touche.

Chantellerie (La) *aliàs la Lande-Fautrel*, en Saint-Ellier et au Loroux.

Charné : 1387, Pierre Le Porc, chevalier.

Charné-Baseille : 1409, Juhel d'Avaugour, seigneur de Baseille. — 1421, Jean d'Avaugour, vassal de Mayenne, pour la terre de Baseille. — 1483, Raoul Le Porc, seigneur de Charné et de Baseille. — 1519, Françoise Le Porc.

Chasseguerre (Terre de la), en Hardanges : 1387, Jean d'Hyerré.

Chastenay (Le domaine de), en Saint-Georges-Buttavent : 1387, Jean de Périers.

Chastenay-Cornesse (Le domaine de), en Juvigné-des-Landes : 1457, Thébaut de C. — 1518, Jean de Courtoux. — 1570, Nicolas de la Corbière.

Châtillon-sur-Colmont : 1387, Etienne de Favière. — 1570, Jacquine Girard.

Chauvellerie (La), en Contest : 1659, Isaac de la Matraie.

Cherbonnellière (La). (V. la Biardière).

Cicorie (La) et le *Val*, en Saint-Germain-le-Guillaume : 1452, Louis des Vaux. — 1518, Jean des Vaux.

Clermont (l'Abbaye de) : 1455, Jean, abbé.

Cohardon (Les fiefs de), paroisse de Fyé : 1387, Guyon de Fontenailles. — 1518, François de Maulny. — 1570, Jean Le Maire.

Contest : 1518, Ambroise de Saint-Rémy.

Contilly et Pescoux (Pescoux, paroisse de Louze) : 1387, Guillaume Hue, à cause de sa femme Laurence de Bonnière.

Corbon, en La Bigottière : 1458, Guillaume de Pannard. — 1518, Jean des Vaux.

Coudray (Le), en Chantrigné : 1518, Julien du Bouchet.

Couhouroux, en Saint-Pierre-des-Landes : 1387, Guyon de Fontenailles.

Coulion (La terre de), en Villaines-la-Juhel : 1387, Jean Margerie. — 1450, Jean Bouchet.

Coulonges (La partie, située entre le chemin de Mayenne à Lassay et la rivière de Villette (ruisseau d'Olon), de la terre de), en Saint-Fraimbault-de-Prières : 1387, Geoffroy de Coulonges. — 1450, Jean de Coulonges.

Courceriers (La terre de), en Saint-Thomas-de-Courceriers : 1451, Cesbron de Villeprouvé. — 1570, François du Plessis-Châtillon.

Courcité. (V. Averton).

Court-Pelé (La) : 1387, Guillaume de la Croix.

Couptrain et *Pré-en-Pail :* 1387, Olivier de Pré.

Courteille, en Juvigné-des-Landes : 1456, l'abbé de Clermont.

Crapon (Fief de), en Placé : 1570, Jacquine Girard.

Craponnière (La) et *Marolles*, en Larchamp : 1387, Pierre Le Porc.

Croixille (Terre et appartenances de la) : 1387, Jean de la Croixille.

Danvollière (La), en Levaré : 1387, Jean Le Verrier. — 1457, Jean Le Verrier. — 1570, Eustache Le Verrier.

Daviet (La terre de), en Saint-Hilaire des-Landes : 1387, Jean d'Arquenay. — 1457, Hugues d'Arquenay.

Désert (Le domaine du), en Ernée : 1570, Geoffroy de Chaslus.

Devison (Le domaine de la) : 1570, Jean du Bois-Bérenger.

Ecluse (La terre de l'), en Brecé : 1456, Jeanne de Montgiroux. — 1518, Pierre de Mathefélon. — 1570, François du Régnier.

Ecorcé (Le fief d'), en Oisseau : 1387, Guillaume de Surcoulmont.

Ecollais (La haute justice et les foires tenues en la terre des), en Jublains : 1387, Jean des Ecottais.

Ecottais (Les terres et seigneuries des), en Jublains : 1453, Jean des Ecottais.— 1570, Les héritiers de Mathieu de Montdamer.

Eveillardière (L'), en Contest : 1518, Olivier du Plessis.

Feuillée (La terre de la), en la Bigottière : 1387, Ambroise d'Orange. — 1457, Guy d'Orange. — 1570, Eustache du Bellay.

Forêt-Guillaume (Le féage de la), paroisses du Bourgneuf-la-Forêt et de Launay : 1387, Jean Costard, à cause de Jeannette de Villiers. —1570, Philippe-le-Militaire.

Fougerolles (La terre de) : 1570, Jacques de Goué.

Fourmondière (Le féage de la), en la Bazouge-des-Alleux : 1387, Geoffroy Paon. — 1518, Jean de l'Angrumière.

Fresnay (La terre de), paroisse du Bourgneuf-la-Forêt : 1387, Robert de Loré. — 1518, Yves de Loré.

Fresnay (Le fief de), en Carelles : 1570, François des Nos, époux de Charlotte de Jousson.

Fresselle (La terre de la), en la Baconnière : 1387, Huet de Mathefélon.

Fresselle (Le bois de la), en la Baconnière : 1387, Jean le Bouchet.

Haute-Fresselle (la), en la Baconnière : 1387, Huet de Mathefélon. — 1455, Jean de Ch..., bail de Raoulet son fils.

Gastines (Le fief de), en Saint-Denis-de-Gastines : 1570, Louis de Froullay.

Gaudinière [1] (La) : 1387, Jean le Bouchet.

Gesvres : 1387, Jeanne de Sacé, dame d'Usages.

Gondonnière ou *Gandonnière* [2] (Sergenterie fayée de la) : 1387, Jean Bassart.

Goronnière (La) : 1387, Etienne Aubert.

Gougeonnière (Fief de la), en Saint-Denis-de-Gastines : 1570, Pierre du Bailleul.

La Guitterie (La justice de), en Placé : 1570, Elie de Cotteblanche.

Hambers, en Alexain : 1453, Etienne de la Croix.

Hémenard (La terre d'), en Saint-Berthevin-la-Tannière : 1387, Jean Doynel. — 1570, François des Nos, époux de Charlotte de Jousson.

Herbelin (La haute justice du fief d') : 1387, Jean de Landepoutre.

Hyerré, en Oisseau : 1452, Guillaume de Landepoutre, à cause de Jeanne d'Hierré

Juvandière (La), en Sacé : 1560, Jean des Vaux.

Juvigné-des-Landes et Saint-Ouën-des-Toits : 1387, Huet de Mathefélon. — 1453, Anne, comtesse de Laval. — 1518, Le comte de Laval.

Juvigné et Saint-Pierre-des-Landes (Chasses, paroisses de) : 1387, Etienne de Poyart.

---

[1] La Gaudinière relevait de la châtellenie d'Ernée.

[2] Cette sergenterie relevait de la châtellenie de Pontmain.

Landepoutre, en Jublains : 1455, Jean de Landepoutre.

Landivy : 1518, Guy de Scépeaux. — 1570, Guy de Scépeaux.

Layeul (Le), en Hardanges : 1659, Hubert de Champagne, marquis de Villaines.

Levaré : 1453, Guillaume des Vaux. — 1518, Jean des Vaux.

Loges (Les terres et appartenances des), en Contest : 1387, Thomas de Fontenay. — 1518, Ambroise de Saint-Rémy.

Loré, en Oisseau : 1452, Ambroise de Loré.

Marcillé-la-Ville (Fiefs de) : 1456, René de la Chapelle. — 1570, Françoise de Laval, comtesse de la Suze.

Marcillerie (Fief de la), en Saint-Fraimbault-de-Prières : 1519, René de l'Isle, écuyer. — 1570, Jean de l'Isle. — 1614, Paul de l'Isle. — 1618, Paul de l'Isle.

Martigné (Le féage de) : 1387, Guillaume de Mondot.

Matraye (La), en Placé : 1387, Jean des Ecottais.

Mayenne (Cens de la ville de) : 1387, Guillaume de Surcoulmont.

Mayenne (Le fief de la forêt de) : 1387, Guillaume de la Croix. Il tenait ce fief comme détenteur du lieu de la Court-Pelée, en Saint-Georges-Buttavent.

Mayenne (Les basse, moyenne et haute justice de la forêt de) [1] : 1387, N... dame de la Bouchardière.

Mayenne (La foresterie fayée de la forêt de) : 1387, Juhel d'Avaugour.

Mayenne (Baillée fayée de) : 1387, Colette la Bedelle.

Mayenne (Féages ès mettes [2] de la forêt de) : 1387, P... de Lamboul.

Mayenne (Sergenterie fayée, en la baronnie de) : 1387, Michel Le Cruot.

---

[1] Ce fief relevait de la châtellenie d'Ernée.

[2] Mettes, c'est-à-dire « bornes, limites ».

Le seigneur de la Chapelle-Rainsoin, dit le Chapellais, possédait la sénéchaussée fieffée et héréditaire de Mayenne en 1445, et était tenu du recouvrement de la Taille aux chevaliers des seigneurs de Mayenne, du Pontmain, d'Ernée et de Villaines. Il la donna à son petit-fils Olivier.

La sénéchaussée fieffée de Mayenne fut vendue, en 1551, pour 200^{tt}, par Baudoin de Champagne, seigneur de la Chapelle, au baron de Mayenne qui la revendit immédiatement à Guillaume Jamin, avocat au Mans.

En 1491, Olivier de la Chapelle se plaignait d'être privé par le châtelain de Mayenne, de ses droits de sergent fayé de la baronnie de Mayenne.

Ces droits consistaient à toucher le septième des amendes et le onzième quand elles dépassaient 10 sous, excepté aux baillages de Mayenne, de Loyère, de Couptrain, de Bais, où les prélevait le prieur de Fontaine-Géhard, qui à raison de ces profits devait célébrer la messe les jours de tenue des Assises.

Le sergent fieffé avait la charge de faire tenir les Assises et de lever la Taille aux chevaliers, qui produisait alors 325^{tt}.

Il était dû des seigneurs de :

La Vairie	33^{tt}	
La sergenterie de Loyère	16	
Surgon	25	
Champorin et l'Otagerie	5	
Courceriers (sergent de Bais)	41	
La Chaire ou Chèze	9	
Yvoy	2	5^{s}
Levaré	2	2
Aubert	19	
Landivy	11	
Contest	4	12
Pré	9	

<pre>
La Censive...................... 4 8
Charné.......................... 13
Baseille 28
Fougerolles............ 9
Saint-Ouën 30
Montenay....................... 14
La Feuillée..................... 18
</pre>

Méhubert, en Ernée : 1452, Pierre Le Porc. — 1518, Jean Le Porc. — 1660, Magdelon de Fontenailles, curé de Chailland.

Mesnil-Barré (Partie de la terre du), en Saint-Germain-le-Guillaume : 1387, Robin d'Averton.

Mesnil-Barré (La terre du), en Andouillé : 1451, Guyon de Fontenailles. — 1518, Jean de Fontenailles. — 1570, François de Fontenailles.

Montaudin : 1457, Guillaume de Boisgamas, à cause de Guillemette d'Yvoy.

Montaudin (Le prieuré de) : 1454, Frère Geoffroy Lambert.

Montaudin (La cure de) : 1454, Jean Hesselin, prêtre, curé.

Montenay (La terre et appartenances de) : 1387, Jean de Montenay. — 1518, Le chapitre de l'église cathédrale du Mans.

Montgiroux, en Alexain et Saint-Germain-d'Anxure 1457, Olivier Février.

Montguerré (La terre de), en Montenay : 1570, René Le Vayer.

Montguyon (Le prieuré de), en Placé : 1454, Frère Jean Guillaume.

Motte-Boudier (La terre de la), en Contest : 1518, André Cazet. — 1570, Marguerite Richer, veuve d'André Cazet, fils du précédent.

Motte d'Aron (La terre de la), en Martigné : 1387, Jean

d'Aron. — 1452, Olivier de Feschal. — 1570, Jean de Feschal, seigneur de Thuré. — 1659, Hubert de Champagne, marquis de Villaines.

Molte de Changé (Baillée fayée de la) : 1387, Michel de la Touche.

Neuvillette, en tant comme touche les mesures (La haute, moyenne et basse justice de), en Jublains et Montourtier : 1387, Jean de Landepoutre (Lande-Repouste). — 1518, Bertrand de Caradeuc. — 1570, Joachim de Caradeuc.

Olon (Fief d'), en Saint-Fraimbault-de-Prières : 1519, René de l'Isle. — 1570, Jean de l'Isle. — 1614, Paul de l'Isle.

Orcisse (La terre d'), en Larchamp : 1457, Jean d'Orcisse. — 1570, Charles d'Orcisse.

Orthes, en Saint-Martin-de-Connée : 1454, Charles de Coesmes.

Orthes (Le fief d'), à Mayenne : 1387, Juhel d'Avaugour.

Otagerie (La haute justice de l'), en Colombiers : 1570, Guillaume de la Fontaine.

Oisillé, en Champgenéteux : 1387, Alips d'Aron, épouse de Jean Margerie.

Parc d'Avaugour (La terre du), en Brecé : 1387, Juhel d'Avaugour.— 1451, Jean de Mégaudais, époux de Marie d'Avaugour. — 1518, Mathurin de Montalais. — 1570, Jean ou Ambroise Le Cornu.

La Pellerine (Fief de) : 1570, Guy de Cornilleau.

Pestoies (La terre de) : 1387, Laurence de la Bonnière, épouse de Guillaume Hue.

La Pihoraie, en La Bigottière : 1387, Etienne de Pennart. — 1458, Guillaume de Pennart.

Planches (La baillée des) : 1387, Robin des Planches.

Plessis (Partie de la terre du), en Châtillon-sur-Colmont : 1387, Jean du Plessis.

Plessis-Châtillon ou *Plessis-sur-Colmont* (Le) : 1454, Jean du Plessis. — 1570, François du Plessis-Châtillon.

Plessis (Fief du), en Contest : 1570, Louis de Froullay.

Poillé, en Contest : 1570, Louis de Foullay.

Ponnière (Le fief de la), en Châtillon-sur-Colmont : 1570, Jacquine Girard.

Poôté (la) : 1450, Pierre de Beaumont.

Prés (La métairie des), en Andouillé : 1387, Guyot du Bouchet. — 1452, Ambroise de Loré, à cause de Roberde des Tesnières, sa femme.

Rouesson (Les terres et appartenances de), en Oisseau : 1387, Jean des Barres.

Rouveraie ou du *Rouveray* (La terre de la), en Châtillon-sur-Colmont : 1387, Jean de la Rouveraye. — 1457, Pierre de la Rouveraie.

Saint-Esprit à Mayenne (L'aumônerie de l'Hôtel-Dieu dit le) : 1451, Jean Prioulet, maître et administrateur.

Saint-Georges-le-Gaultier (Suzeraineté de) : 1570, Marie de Morel.

Saint-Germain-le-Guillaume (La haute, moyenne et basse justice sur partie de) : 1387, Jean Guérin.

Saint-Germain-d'Anxure (rentes, paroisse de) : 1387, Jean des Ecottais.

Saint-Léonard-des-Bois (Terre et seigneurie de) : 1518, René du Bouchet.

Saint-Victor (Terre de), en Aron : 1570, Jean Grognet de Vassé.

Haute-Salle (La), en Saint-Pierre-des-Landes : 1455, Jean de la Dinaie.

Salle (La), en Saint-Pierre-des-Landes : 1387, Etienne de Grève.

Sauvellière (Le fief de la) : 1570, Pierre du Bailleul.

Sillé-le-Guillaume (Terre de) : 1409, Anne de Sillé. — 1457, Anne de Sillé. — 1570, Jean d'Acigné.

Surcolmont (Le domaine de), « les moulins de Foucher, et, jusqu'au douet Moraine, la rivière de la Coulmont », en Oisseau : 1387, Guillaume de Surcolmont.

Surgon (Terre de), en Placé : 1570, les héritiers de Mathieu de Montdamer.

Surgon (La baillée ou sergenterie de).

Devaient payer au sergent de Surgon, pour la Taille aux chevaliers :

Le seigneur de Contest	47	sous
— des Loges	20	—
— de Poillé et du Plessis	45	—
— de Coulonges	60	—
— du Basmont	46	—
— d'Hierré	13	—
— des Barres	4	—
— de la Bazoge-Montpinçon	4	—
— de Levaré	22	—

Teil (La terre du), paroisse d'Hambers : 1387, Jean des Ecottais.

Torbéchet (Manoir, domaine et appartenances de), en Saint-Georges-Buttavent : 1387, Michel Béraut. — 1421, Henri de Sahur. — 1518, Louis de Montécler.

Touche-Matignon (La terre de la), en la Croixille : 1570, Guillaume Vincent.

Tricottière (Le fief de la), en Saint-Martin de Mayenne : 1570, Michel Bordeaux.

Tucé-en-Saonnois (La terre de), 1387 : Jeanne de Juilly, femme de Jean de Tucé.

Vaucelle (La terre de la), en Villaines-la-Juhel : 1387, Juhel d'Avangour.

Vaujuas (La terre de), en Marcillé-la-Ville : 1570, Jean Grognet de Vassé.

Vautorte (Partie du fief de) : 1387, Robert de la Ferrière.

Vautorte (Terre de) ; 1453, Marguerite de la Ferrière. — 1518, Bertrand de la Ferrière. — 1570, Jacques de la Ferrière.

B

DU RESSORT DU SIÈGE PRÉSIDIAL DU MANS

L'appel des jugements rendus à la Barre ducale de Mayenne était porté au Parlement de Paris.

La sénéchaussée et siège présidial du Mans, écrivait l'avocat Tenneson, avait autrefois une étendue considérable. On voit par l'article 19 de l'édit du mois de mars 1551, portant ampliation des présidiaux, que les sièges de Château-du-Loir, de Laval, de Beaumont, de Sainte-Suzanne, de Château-Gontier, de La Flèche, de Mayenne-la-Juhée, de Sablé et de La Ferté-Fernard ressortissaient au Mans pour les cas présidiaux.

Henri IV ayant érigé un siège présidial à La Flèche en 1595, les justices de Beaumont, de Fresnay, du Saonnois, de Mamers (au Maine) et de Château-Gontier (en Anjou) furent distraits du siège présidial du Mans pour composer celui de La Flèche.

Château-Gontier (en Anjou) qui n'était autrefois qu'une baronnie, ayant été érigé en siège présidial, par édit du mois de Juillet 1639, on lui donna une partie de la sénéchaussée du Mans, de celles d'Angers et de La Flèche. De plus, les baillages et juridiction de Savigny, de Fontaine-Daniel, de la Chapelle-Rainsouin, le Comté de Laval et les juridictions de la Champagne-Hommet et de

Villiers-Charlemagne furent attribués à Château-Gontier.

Ainsi, les officiers du présidial de Château-Gontier connaissaient des appels du juge royal de Laval, et des juges ordinaires du Comté de Laval, pour les cas présidiaux. A l'égard des matières qui exécédaient les deux chefs de l'édit, amplifiés par ceux de Novembre 1774 et d'Août 1777, et par la déclaration du 29 Août 1778, les appels des juges de Laval ressortissaient directement au parlement.

Toutes ces distractions avaient beaucoup diminué la juridiction du Mans.

Quant à la Coutume, elle n'avait pas cessé d'être la même, mais nombre de villes et de justices qui, tant par rapport à la Coutume' que par rapport à la juridiction relevaient du Mans, n'en relevèrent plus en ce qui concernait la juridiction. Elles étaient, pour les appels, de la sénéchaussée de La Flèche, comme Beaumont-le-Vicomte, Fresnay, Sainte-Suzanne, Mamers ; de la sénéchaussée de Château-Gontier, comme la baronnie de Fontaine-Daniel [1], etc.

C [2]

RESSORT DE LA BARRE DUCALE DE MAYENNE EN 1789

Les châtellenies de Mayenne, d'Ernée et de Pontmain avaient chacune leur justice, leur ressort particulier, séparés comme leurs domaines. La justice de Mayenne appelée « Barre ducale » possédait droit de prévention

---

[1] M. Laurain, archiviste de la Mayenne, sous le litre trop modeste *Essai sur les Présidiaux*, a fait une étude remarquable de ces anciennes juridictions (Paris, L. Larose et Forcel, 1896).

[1] Voir page 4.

sur les deux autres justices et connaissait de leurs appels.

Le siège de la Barre ducale était composé d'un juge civil et d'un juge criminel, d'un lieutenant-général, de quatre conseillers, d'un avocat et d'un procureur fiscal, d'un huissier audiencier [1].

I. — *Paroisses ressortissant directement, en totalité ou en partie, de la Barre ducale, comme relevant prochainement du duché :*

Alexain. — Andouillé. — Aron.

Bais. — Belgeard. — Bazouge-des-Alleux (La). — Bazoge-Montpinçon (La). — Brecé.

Champéon. — Champgenéteux. — Chantrigné. — Châtillon-sur-Colmont. — Contest.

Deux-Evailles.

Grazay.

Hambers.

Jublains.

Loupfougères.

Marcillé-la-Ville. — Martigné. — Mayenne (Notre-Dame de). — Mayenne (Saint-Martin de). — Montourtier. — Moulay.

Oisseau.

Parigné. — Placé.

Saint-Baudelle. — Saint-Denis-de-Gastines. — Saint-Fraimbault-de-Prières. — Sainte-Gemmes-le-Robert. — Saint-Georges-Buttavent. — Saint-Germain-d'Anxure. — Saint-Thomas-de-Courceriers.

Vautorte.

(1) Les avocat et procureur fiscal et les greffiers de la maîtrise des eaux et forêts du duché étaient les mêmes que ceux de la Barre ducale.

II. — *Justices seigneuriales ressortissant en appel de la
Barre ducale*

Ambrières. — Averton (le bourg d').

Carelles [1]. — Champorin [2]. — Cohardon [3]. — Couptrain. — Courcité.

Ernée.

Fougerolles et Goué [4].

Gesvres.

Ivoy.

Landivy et Mausson [5].

Layeul (le) [6]. — Lignières-la-Doucelle. — Lucazière
(La) et Courtarvel [7].

Maigné [8]. — Montaudin.

Orthe [9]. — Otagerie (L') [10].

Pescoux et Contilly [11]. — Pontmain. — Poôté (La) ou
Saint-Pierre-des-Nids. — Pré-en-Pail.

Saint-Léonard-des-Bois. — Saint-Ouën-des-Toits [12].
— Sillé-le-Guillaume [13].

Tannière (La).

(1) Les justices de Carelles, Champorin, Ivoy et l'Otagerie avaient été réunies.

(2) Champorin, paroisse de Saint-Denis-de-Gastines.

(3) Fief situé paroisse de Fyé.

(4) Goué, seigneurie située paroisse de Fougerolles.

(5) Mausson, seigneurie située paroisse de Landivy.

(6) Le Layeul, paroisse d'Hardanges.

(7) La seigneurie de Courtarvel ou Courtarvert, située paroisse de Mont-
Saint-Jean, avait été réunie à celle de la Lucazière, même paroisse.

(8) Maigné-en-Champagne (du Maine), ou Maigné-sous-Vallon.

(9) Orthe, paroisse de Saint-Martin-de-Connée.

(10) L'Otagerie, paroisse de Colombiers.

(11) Pescoux, châtellenie du Sonnois, paroisse de Louzes. La seigneurie
de Contilly y avait été annexée.

(12) La juridiction de Saint-Ouën était composée des paroisses suivantes :
Saint-Ouën, Loiron, Le Bourgneuf, La Croixille, Bourgon, Launay-Villiers,
La Baconnière, Andouillé et Changé. La rue et les landes de Botz et le quar-
tier des Fontaines, situés près la ville de Laval, devinrent du ressort de
Laval, bien qu'étant de la paroisse de Changé.

(13) Le territoire situé au-delà du ruisseau qui passe au pied du château

III. — *Paroisses ressortissant, en totalité ou en partie, de la Barre ducale, soit directement, soit en appel, par le moyen de diverses seigneuries qui relevaient du duché.*

Alexain. — Ambrières. — Andouillé. — Assé-le-Boisne. — Averton.

Baconnière (La). — Bais. — Bigottière (La). — Boulay. — Bourgneuf-la-Forêt (Le). — Bourgon. — Brecé. — Brulatte (La).

Carelles. — Ceaucé. — Chailland. — Champfrémont. — Champgenéteux. — Chapelle-au-Riboul (La). — Chapelles (Les). — Charchigné. — Cigné. — Ciral. — Colombiers. — Commer. — Contest. — Couesmes. — Couptrain. — Courcité. — Crennes-sur-Fraubée. — Croixille (La).

Désertines. — Dorée (La). — Douillet-le-Joli.

Ernée. — Etrigé.

Fougerolles. — Fyé.

Geneslay. — Genest (Le). — Gesvres.

Hardanges. — Hercé.

Izé.

Javron. — Juvigné-des-Landes.

Landivy. — Larchamp. — Launay-Villiers. — Lesbois. Levaré. — Lignières-la-Doucelle. — Loiron. — Loroux (Le). — Loupfougères. — Louzes.

Maigné. — Mesle-sur-Sarthe (Le). — Montaudin. — Montenay. — Montourtier. — Montreuil-le-Chétif. — Mont-Saint-Jean.

Nuillé.

Oisseau. — Olivet. — Orgères.

Pallu (La). — Pas (Le). — Pellerine (La). — Pezé-le-Robert. — Pré-en-Pail. — Pontmain. — Poôté (La). — Poulay.

de Sillé, était dans le ressort du présidial du Mans ; celui qui est en de ça se trouvait dans la juridiction de la Barre ducale (V. *Supplément à la topographie du diocèse du Mans*, par Cauvin, p. 5).

Ravigny. — Ribay (Le). — Rennes-en-Grenouille.

Sacé. — Saint-Aignan-de-Couptrain. — Saint-Aubin-du-Désert. — Saint-Aubin-Fosse-Louvain. — Saint-Berthevin-la-Tannière. — Saint-Calais-du-Désert. — Saint-Cyr-en-Pail. — Saint-Denis-de-Gastines. — Saint-Ellier. — Saint-Fraimbault-sur-Pisse. — Saint-Georges-le-Gaultier. — Saint-Georges-de-Foultourte ou sur Erve. — Saint-Germain-de-Coulamer. — Saint-Germain-le-Guillaume. — Saint-Hilaire-des-Landes. — Saint-Isle. — Saint-Léonard-des-Bois. — Saint-Loup-du-Gast. — Saint-Mars-du-Désert. — Saint-Mars-sur-la-Futaie. — Saint-Mars-sur-Colmont. — Saint-Martin-de-Connée. — Saint-Ouën-des-Toits. — Saint-Paul-le-Gaultier. — Saint-Pierre-des-Landes. — Saint-Pierre-la-Cour [1]. — Saint-Rémi-de-Sillé. — Saint-Samson. — Saint-Thomas-de-Courceriers. — Sainte-Madeleine-de-la-Chartre. — Sillé-le-Guillaume. — Soucé. — Sougé-le-Ganelon.

Templerie d'Echerbay (La). — Trans.

Vallon. — Vaucé. — Vautorte. — Vieuvy. — Villaines-la-Juhel. — Villepail. — Vimarcé.

Dans la désignation des biens du duché de Mayenne qui fut faite par Maupetit, administrateur de ce duché, avant la Révolution, on lit : « Le ressort du duché s'étend sur cent dix paroisses qui renferment une étendue de vingt-cinq lieues de l'orient au couchant et seize du midi au nord ».

Nous trouvons 120 paroisses au lieu de 110.

L'étendue des justices seigneuriales relevant de la Barre ducale n'était pas exactement fixée [2].

(1) Aujourd'hui Saint-Pierre-sur-Orthe.

(2) Voir : *Supplément à la Topographie du diocèse du Mans,* par Cauvin ; — *Dictionnaire Topographique de la Mayenne,* par M. Léon Maître.

D [1]

Localités régies par la Coutume du Maine

Il nous paraît utile de donner une table alphabétique des villes et des paroisses, qui, quoique ne relevant pas de la juridiction et siège présidial du Mans, étaient néanmoins régies par la Coutume du Maine. Cette table semble d'autant plus nécessaire qu'elle n'a été donnée, à notre connaissance, par aucun des commentateurs de la Coutume du Maine et que Richebourg, dans son Coutumier général, l'a également négligée [2].

Département de la Mayenne

Ahuillé. — Alexain. — Ambrières. — Andouillé ? — Argentré. — Aron. — Arquenay. — Assé-le-Bérenger. — Astillé. — Avesnières. — Averton.

Baconnière (La). — Bais. — Bannes-en-Charnie. — Barroche-Gondouin ? — Bazoge-Montpinçon (La). — Bazouge-des-Alleux (La). — Bazouge-de-Chemeré (La). — Bazougers. — Beaulieu. — Beaumont-Pied-de-Bœuf. — Belgeard. — Bignon (Le). — Bigottière (La). — Blandouet ? — Bonchamp-lès-Laval. — Boulay. — Bourgneuf-la-Forêt (Le). — Bourgon. — Brecé. — Brée. — Brétignolles. — Brulatte (La).

Carelles. — Chailland. — Châlons. — Chammes. — Champéon. — Champfrémont. — Champgénéteux. — Changé. — Chantrigné. — Chapelle-Anthenaise (La). —

---

(1) Voir page 11.

(2) Certaines villes avaient et ont encore plusieurs paroisses. Nous n'indiquons pas le nom de chacune de ces dernières. Les noms suivis d'un point d'interrogation n'ont point été trouvés dans le document de l'avocat Tenneson, qui nous a servi à dresser cette liste ; nous les avons ajoutés parce que quelques-uns ont certainement été oubliés.

Chapelle-au-Riboul (La). — Chapelle-Rainsouin (La). — Chapelles(Les).— Charchigné.— Châtillon-sur-Colmont. — Châtres. — Chemeré-le-Roi. — Chevaigné. — Cigné. — Colombiers. — Commer. — Contest. — Cossé-le-Vivien. — Couesmes. — Couptrain? — Courberie. — Courbeveille. — Courcité. — Crennes-sur-Fraubée. — Croixille (La). — Cropte (La).

Désertines. — Deux-Evailles. — Dompierre ou Saint-Pierre-des-Landes. — Dorée (La) ?

Entrammes. — Epineux-le-Séguin. — Ernée ?— Evron ?

Forcé. — Fougerolles.

Genest(Le). — Gesnes. — Gesvres. — Gorron. — Gravelle (La). — Grazay. — Grenoux.

Ham (Le). — Hambers. — Hardanges. — Hercé. — Horps (Le). — Houssay. — Housseau (Le). — Huisserie (L').

Izé.

Javron. — Jublains. — Juvigné-des-Landes ou Montanadais.

Landivy. — Larchamp. — Lassay. — Launay-Villiers. Laval.— Lesbois. — Levaré. — Lignières-la-Doucelle ?— Livet. — Loiron. — Loupfougères. — Louverné. — Louvigné.

Madré. — Maisoncelles. — Marcillé-la-Ville. — Martigné.— Mayenne. — Melleray. — Meslay. — Mézangers. — Montaudin. — Montenay. — Monflours. — Montigné. — Montjean. — Montourtier. — Montreuil-du-Gast. — Montsûrs. — Moulay.

Neau. — Neuilly-le-Vendin?— Niort. — Nuillé-sur-Ouette. — Nuillé-sur-Vicoin.

Oisseau (Le Grand-). — Olivet. — Orgères.

Pallu (La).— Parigné-sous-Braye.— Parné.— Pas (Le). — Pellerine (La). — Placé. — Poôté (La)-des-Nids. — Poulay. — Pré-en-Pail.

Quelaines.

Ravigny. — Rennes-en-Grenouille. — Ribay (Le). — Ruillé-le-Gravelais.

Sacé. — Saint-Aignan-de-Couptrain. — Saint-Aubin-du-Désert. — Saint-Aubin-Fosse-Louvain. — Saint-Avit ou Saint-Isle. — Saint-Baudelle. — Saint-Berthevin, près Laval.— Saint-Berthevin-la-Tannière. — Saint-Calais-du-Désert. — Saint-Céneré. — Saint-Charles-la-Forêt. — Saint-Christophe-du-Luat. — Saint-Cyr-en-Pail. — Saint-Cyr-le-Gravelais. — Saint-Denis-de-Gastines. — Saint-Denis-du-Maine. — Saint-Ellier.— Saint-Fraimbault-de-Prières. — Saint-Gault. — Sainte-Gemmes-le-Robert. — Saint-Georges-Buttavent. — Saint-Georges-le-Fléchard. — Saint-Georges-sur-Erve ou de Foulletorte.— Saint-Germain-d'Anxurre.— Saint-Germain-de-Coulamer. — Saint-Germain-le-Fouilloux. — Saint-Germain-le-Guillaume. — Saint-Hilaire-des-Landes. — Saint-Jean-sur-Erve. — Saint-Jean-sur-Mayenne. — Saint-Julien-du-Terroux. — Saint-Léger. — Saint-Loup-du-Gast. — Sainte-Marie-du-Bois.— Saint-Mars-sur-Colmont. — Saint-Mars-du-Désert. — Saint-Mars-sur-la-Futaie. — Saint-Martin-de-Connée. — Saint-Ouën-des-Oies ou des Vallons. — Saint-Ouën-des-Toits. — Saint-Pierre-des-Landes ou Dompierre. — Saint-Pierre-la-Cour, près Loiron. — Saint-Pierre-la-Cour [1]. — Saint-Pierre-sur-Erve. — Saint-Samson. — Sainte-Suzanne. — Saint-Thomas-de-Courceriers. — Soucé. — Soulgé-le-Bruant.

Templerie (La). — Thorigné-en-Charnie.— Thubœuf. — Torcé-en-Charnie. — Trans.

Vaiges.— Vaucé. — Vautorte. — Vieuvy. — Villaines-la-Juhel. — Villepail. — Vimarcé ou Saint-Jean-de-Vimarcé. — Viviers. — Voutré.

---

(1) Aujourd'hui Saint-Pierre-sur-Orthe.

Département de la Sarthe

Aigné. — Aillières. — Allonnes. — Amné. — Ancinnes. — Arçonnay. — Ardenay. — Assé-le-Boisne. — Assé-le-Riboul. — Athenay. — Aubigné. — Aulaines. — Aulneaux (Les). — Auvers-sous-Montfaucon. — Avesnes. — Avézé.

Ballon. — Bazoge (La). — Beaufay. — Beaumont-la-Chartre. — Beaumont-le-Vicomte ou Beaumont-sur-Sarthe. — Beauvoir. — Beillé. — Berfay. — Bernay. — Bérus. — Bessé. — Beton. — Blèves. — Boessé-le-Sec. — Bonnétable. — Bosse (La). — Bouër. — Bouloire. — Bourg-le-Roi. — Brains. — Breil (Le). — Brette. — Brione.

Cérans. — Chahaignes. — Challes. — Champagné. — Champaissant, — Champfleur. — Changé. — Chapelle-du-Bois (La). — Chapelle-Gaugain (La). — Chapelle-Huon (La). — Chapelle-Saint-Aubin (La). — Chapelle-Saint-Frai (La). — Chapelle-Saint-Remy (La). — Chartre (La). — Chassé. — Chassillé. — Château-du-Loir. — Châtillon-la-Chartre. — Chauffour. — Chemiré-en-Charnie. — Chemiré-le-Gaudin. — Chenay. — Cherancé. — Chérisay. — Cherré. — Cherreau. — Chevaigné-en-Beaumont. — Chevain (Le). — Chevillé dit Saint-Père. — Cogners. — Commerveil. — Conflans. — Congé-sur-Orne. — Conlie. — Connerré. — Contilly. — Contres. — Cormes. — Coudrecieux. — Coulaines. — Coulans. — Coulombiers. — Coulongé. — Courcebœuf. — Courcemont. — Courcival. — Courdemanche. — Courgains. — Courgenard. — Crannes-en-Champagne. — Crissé. — Cures.

Dangeul. — Degré. — Dehaut. — Dissay-sous-Courcillon. — Dissé-sous-Ballon. — Dollon. — Domfront-en-Champagne. — Doucelle-la-Dorée. — Douillet. — Duneau.

Ecommoy. — Ecorpain. — Epineu-le-Chevreuil. — Etival-en-Charnie. — Etival-lès-le-Mans.

Fay. — Fatines. — Ferté-Bernard (La). — Fillé. —
Flacé. — Flée. — Fontaine-Saint-Martin. — Fresnaye
(La). — Fresnay. — Fyé.

Gennes-le-Gandelin. — Grandchamp. — Gréez-sur-
Roc. — Grez (Le). — Guécelard. — Guerche (La).

Homme (L').

Jauzé. — Joué-l'Abbé. — Juillé. — Jupilles.

Laigné. — Lamnay. — Lavardin *aliàs* Tucé. — La-
varé. — Lavenay. — Lavernat. — Lignières-la-Carelle.
— Livet. — Loges (Les). — Lombron. — Longnes. —
Louplande. — Louvigny. — Louzes. — Luart (Le). —
Lucé-sous-Ballon. — Lucé-le-Grand. — Luceau.

Madeleine-de-la-Chartre (La). — Maigné. — Maison-
celles. — Mamers. — Mans (Le). — Marçon. — Mares-
ché. — Marigné. — Marolles. — Marolles-les-Braults.
— Marolette. — Mécs (Les). — Mersenne ou Mulsanne.
— Meurcé. — Mézières-sous-Ballon. — Mézières-sous-
Lavardin. — Milesse (La). — Moitron. — Moncé-en-
Belin. — Moncé-en-Saosnois. — Monhoudou. — Monta-
bon. — Monsort. — Montaillé. — Monbizot. — Mont-
fort. — Montigny. — Mont-Renault. — Montreuil-le-
Chétif. — Montreuil-sur-Sarthe. — Montreuil-le-Henri.
— Mont-Saint-Jean. — Moulins-le-Carbonnel.

Nauvay. — Neufchâtel. — Neuville-sur-Sarthe. —
Neuville-la-Lais. — Neuvillette. — Neuvy-en-Champa-
gne. — Nogent-le-Bernard. — Nogent-sur-Loir. — Notre-
Dame-des-Champs. — Notre-Dame-de-la-Quinte. —
Nouans. — Nuillé-le-Jalais.

Oisseau (Le Petit-).

Panon. — Parennes. — Parigné-l'Evêque. — Parigné-
le-Pôlin. — Pezé. — Piacé. — Pizieux. — Poché. —
Poncé. — Pont-de-Gesnes. — Pontlieue. — Ponthouin.
— Pontvallain. — Pray ou Perray. — Prévelles. —
Pruillé-le-Chétif ou le Gaudin. — Pruillé-l'Eguillé.

Quincampoix.

Rahay. — René. — Requeil. — Rouessé-Fontaine. — Rouessé-Vassé. — Rouez. — Rouillon. — Roullée. — Rouperroux. — Ruaudin. — Ruillé-en-Champagne. — Ruillé-sur-Loir.

Sablé. — Saint-Aignan. — Saint-Aubin-des-Coudrais. — Saint-Aubin-de-Locquenai. — Saint-Benoît-sur-Sarthe. — Saint-Biez-en-Belin. — Saint-Calais. — Saint-Calais-en-Saosnois. — Sainte-Cécile-sur-Loir. — Saint-Célerin ou Céneric. — Sainte-Cérotte. — Saint-Chéron. — Saint-Christophe-en-Champagne. — Saint-Christophe-du-Jambet. — Saint-Corneille. — Saint-Cosme-de-Vair. — Saint-Denis-des-Coudrais. — Saint-Denis-de-Sables. — Saint-Denis-du-Tertre. — Saint-Georges-de-Ballon. — Saint-Georges-du-Bois ou le Grand-Saint-Georges. — Saint-Georges-le-Gaultier. — Saint-Georges-de-la-Couée. — Saint-Georges-du-Plain. — Saint-Georges-du-Rosay. — Saint-Germain-de-la-Coudre. — Saint-Gervais-en-Belin. — Saint-Hilaire-le-Liéru. — Saint-James-sur-Sarthe. — Saint-Jean-d'Assé. — Saint-Jean-des-Echelles. — Saint-Julien-en-Champagne. — Saint-Longis. — Saint-Léonard-des-Bois. – Saint-Maixént. — Saint-Marceau. — Saint-Mars-sous-Ballon. — Saint-Mars-de-la-Bruyère. — Saint-Mars-de-Locquenay. — Saint-Mars-d'Outillé. — Saint-Martin-des-Monts. — Saint-Martin-de-Poché. — Saint-Michel-de-Chavaigne. — Sainte-Osmane. — Saint-Ouën-en-Belin. — Saint-Ouën-en-Champagne. — Saint-Ouën-de-Mimbré. — Saint-Ouën-sous-Ballon ou des-Ponts-d'Orne. — Saint-Patern ou Pater. — Saint-Pavace. — Saint-Pavin-des-Champs. — Saint-Paul-le-Gautier. — Saint-Paul-le-Vicomte. — Saint-Pierre-des-Bois. — Saint-Pierre-du-Lorouer. — Saint-Pierre-des-Ormes. — Saint-Quentin. — Saint-Rémi-du-Bois. — Saint-Rémi-des-Monts. — Saint-Rémi-du-Plain. — Saint-Rigomer-des-Bois. — Sainte-Sabine. – Saint-Saturnin. — Saint-Symphorien.

— Saint-Sulpice. — Saint-Gervais-de-Vic. — Saint-Victeur. — Saint-Vincent-de-la-Chartre. — Saint-Vincent-du-Lorouer. — Saint-Vincent-des-Prés. — Saint-Ulphace. — Sarcé. — Sargé. — Savigné-l'Evêque. — Saussai. — Sceaux. — Ségrie. — Semur. — Sillé-le-Guillaume. — Sillé-le-Philippe, *aliàs* le Brûlé. — Saosne. — Soulgé-le-Ganelon. — Souillé. — Souligné-sous-Ballon. — Souligné-sous-Vallon. — Soulitré. — Spay. — Saint-Sulpice. — Surfond.

Tassillé. — Teillé. — Téloché. — Tennie. — Terrehaut. — Théligny. — Thoigné. — Thoiré-sur-Dinan. — Thoiré-sous-Coutensor. — Thorée. — Thorigné-près-Montfort. — Trangé. — Tronchet (Le). — Tuffé.

Vaas. — Val (Le). — Vallennes. — Vancé. — Verneil-le-Chétif. — Vernie. — Verniette. — Vezot. — Vibraye. — Villaine-la-Carelle. — Villaine-la-Gonais. — Villaine-sous-Lucé. — Villedieu-en-Champagne. — Vivoin. — Voivres. — Volnay. — Vouvray-sur-Huisne. — Vouvray-sur-Loir.

Yvré-l'Évêque. — Yvré-le-Pôlin.

Département de Loir-et-Cher

Ambloy. — Artins.
Baillou. — Bonneveau.
Cellé. — Couture.
Essards (Les).
Fontaine-en-Beauce.
Glatigny.
Haies (Les). — Houssay.
Lunay.
Montoire. — Montrouveau.
Roches-l'Évêque (Les).
Saint-Arnoul. — Saint-Cyr-de-Sargé. — Saint-Jacques-des-Guérets. — Saint-Genest-de-Lavardin. — Saint-Martin-des-Bois. — Saint-Martin-de-Sargé. — Saint-

Pierre-du-Bois. — Saint-Quentin. — Saint-Rimay. — Sasnières. — Savigny-sur-Braye. — Souday. — Sougé-sur-Braye.

Ternay. — Thoré. — Tréhet. — Troô.

Villavard. — Villiers-Faux.

Département de l'Orne

Bellou-le-Trichard.

Ceaucé. — Ceton. — Chapelle-Moche (La).

Geneslai.

Héloup.

Loré.

Pouvrai.

Saint-Aubin-des-Grois. — Saint-Germain-du-Corbéis. — Saint-Gilles-des-Marais. — Saint-Ouën-le-Brisoul.

Département d'Indre-et-Loire

Chemillé.

Epeigné.

Hermites (Les).

Rortre.

E

ANCIENS POIDS ET MESURES

I. — *Mesure du Boisseau*

En 1754, le Contrôleur général demanda aux Intendants un état des mesures et des poids en usage dans toutes les Généralités. De Magnanville, alors intendant de Touraine, s'occupa de faire constater la contenance des boisseaux des Elections de son ressort ; l'ingénieur en chef des Ponts et Chaussées fut chargé de la vérification qu'il convenait de faire au chef-lieu de chacune d'elles et du soin de préciser les différences qui existaient entre les diverses mesures locales et le boisseau de Paris. Ce travail ayant été terminé, il en fut envoyé un tableau comparatif à chaque subdélégué de l'Intendance, afin que celui-ci put, dans la mercuriale qu'il envoyait, chaque quinzaine, à son chef, indiquer les prix des grains d'après la grandeur du boisseau de Paris.

Les mesures de Mayenne étaient le boisseau et le demeau. Le boisseau du marché ou de la halle, du poids de 100 livres, poids de 18 onces, contenait, 75 litres 714; le demeau, la moitié, soit 37 litres 857. Ce boisseau de 100 livres n'existait point en réalité, comme on le verra page 154; on ne se servait que du demeau de 50 livres. Le boisseau-truelle de Mayenne était originairement de 60 livres.

L'Intendant de Touraine écrivait que le septier (12 boisseaux de Paris, du poids chacun de 20 livres), égalait 2 boisseaux 2/19 de Mayenne, c'est-à-dire qu'un boisseau de Paris n'était que les 10/57 de celui de Mayenne ou encore que le boisseau de Mayenne valait 5 boisseaux 7/10 de Paris. Comme conséquence du blé vendu au septier de Paris 6^{lt}, 7^{lt}, 8^{lt}, 9^{lt}, 10^{lt} se payait au septier de Mayenne $34^{lt}4^{s}$; $39^{lt}18^{s}$; $45^{lt}12^{s}$, etc.

On sait que les seigneurs châtelains possédaient le droit d'imposer des mesures spéciales dans leurs châtellenies; aussi existait-il une grande variété de boisseaux, ce qui permettait aux blatiers d'égarer les cultivateurs sur la véritable valeur des grains, en établissant adroitement une confusion entre la grandeur de ces diverses mesures.

« Il y a longtemps, écrivait-on de l'Intendance de Tours, que le public fait des vœux en faveur de l'uniformité des poids et mesures. Elle ne serait peut-être pas sans inconvénient par rapport au commerce, car le gain des blatiers sur la différence des mesures est une des principales causes qui font circuler les grains de marché en marché, ce qui entretient l'abondance dans l'intérieur ».

L'Intendant était-il pénétré de cette opinion que le commerce et la fraude sont deux sœurs jumelles, filles du piège et de l'embûche et que c'était à bon escient que les anciens les avaient mises l'une et l'autre sous la protection d'un même dieu, Mercure ? Peut-être regardait-il les tromperies des blatiers comme des maux inévitables et par ailleurs utiles au public ? on pourrait le croire à la lecture de la citation qui précède, mais il s'empressait d'ajouter : « On croit cependant que cette raison (le gain des blatiers) mérite peu d'attention et que les avantages qui résulteraient de l'uniformité des poids et mesures sont trop considérables et trop bien démontrés pour ne la pas faire désirer ». L'avenir devait prouver, en effet, que l'uniformité des poids et mesures ne pouvait que faciliter les transactions.

La mesure-étalon de la seigneurie de Mayenne pesait 8 livres, poids de 18 onces à la livre.

Les rentes en seigle et en avoine étaient livrées à l'ancien boisseau ou truelle primitive de Mayenne, qui pesait 60 livres même poids.

Les rentes dues en froment se payaient au boisseau de la Barre ducale de Mayenne, qui était de 40 livres, c'est-à-dire du poids de 5 mesures de 8 livres, poids de 18 onces. Le poids de 18 onces à la livre du boisseau de la Barre ducale fut consacré par une sentence célèbre de 1656.

En 1463, 800 boisseaux de froment touchés des censitaires par les administrateurs de la baronnie de Mayenne « au boisseau de Barre de 40^{tt} », donnèrent 533 boisseaux 1/3, « au boisseau de la Halle » qui était alors de 60^{tt}. La mesure de Barre était donc bien un tiers moins grande que la truelle primitive de Mayenne. En 1464, 830 boisseaux de froment reçus des débirentiers du baron de Mayenne, se réduisirent à 553 boisseaux 1/3 en boisseaux de la Halle. La proportion se trouvait toujours la même.

En 1468, le blé, « mesure du poids du baron » était évalué à 4 sols, alors que le boisseau « mesure de la Seigneurie de Pontmain » valait seulement 2 sols 3 deniers, d'où l'on inférait que le boisseau de Pontmain devait être alors de 30^{tt}, c'est-à-dire de la moitié de l'ancien boisseau de la Halle de 60^{tt}.

Le poids du boisseau de Barre de 40^{tt} et de celui de Pontmain de 30^{tt} fut fixé en 1563, avec le concours des officiers de justice.

La différence entre le boisseau de Barre et celui de Pontmain n'existait que pour les redevances en froment. Quant aux avoines, le boisseau des deux seigneuries était semblable, de 60^{tt}, poids de 18 onces : ainsi le régla une sentence de 1741.

Quoiqu'il parut bien établi que le boisseau rentier de froment fût de 30 livres à Pontmain et qu'un jugement de l'Election de Mayenne eut vérifié et fixé cette grandeur, la première chambre des Enquêtes du Parlement rendit le 10 février 1789 un arrêt qui donnait 40 livres au boisseau de Pontmain, poids de 18 onces, pour la perception des rentes en froment.

Le procès-verbal suivant donnera des renseignements sur quelques autres boisseaux du pays :

« Extrait du procès-verbal étant ensuitte de la sentence rendue en la Sénéchaussée du Maine le vingtième décembre mil cinq cent quatre-vingt-seize, entre les religieux, abbé et couvent de Fontaine-Daniel, demandeurs et requéreurs, d'une part, et Michel Bauldron, Jean et Nicolas Lesportais, Jean Roffin, Nicolas Cœurdechesne, Pierre Oger, Michel Richard, François Fouquet, Pierre Lemonnier, Jean Rougué, Ambroise Brochard, Michel Richer, Guilleaume et Mathieu les Guibers, Jean Bauldron et autres consorts.

« Le *seizième jour du mois de décembre* mil cinq cent quatre-vingt-seize,

Nous, François Levayer, conseiller du Roy, lieutenant-général de monsieur le Sénéchal du Mayne, procédant à la visitation et jugement du procès pendant,

Entre les religieux, abbé et couvent de Fontaine-Daniel, demandeurs, d'une part ;

Et Michel Bauldron, deffendeur et opposant, d'autre,

Touchant la grandeur et quantité du boisseau du Barreau,

Avons, pour l'esclersissement et lumière des doubles débattus au procès, fait mesurer, réduire et étalonner devant nous les sarches et boisseaux produits par lesdites parties, tant d'*Ernée, Saint-Aubin, Poillé, du Coudray* que des prétendues sarches des boisseaux de Barre et truelle de Mayenne avec le minot de Paris, lequel à ces fins nous avons fait apporter du grenier à sel et représenter devant nous.

« Et, d'autant que les parties accordent que le boisseau de Mayenne, truelle selon qu'il est de présent en usage a été changé et augmenté, et touttefois qu'il est nécessaire de connoistre quelle doit estre sa juste grandeur, d'autant que d'icelle grandeur dépend la connoissance de la capacitté et grandeur du boisseau de Barre qui fait les deux tiers du boisseau-truelle,

« Nous avons, pour l'esclersissement de telle obscuritté, présuposé que ledit boisseau-truelle doit estre de la grandeur et quantitté du minot de Paris, selon qu'il est raporté par un ancien arrest de la Cour de Parlement du vingt-huitième jour de mars mil cinq cent quarante, donné entre Me Pierre Cordier, conseiller du Roy en son grand conseil et abbé commendataire de ladite abbaye de Fontaine-Daniel, appellant du lieutenant général en cette Sénéchaussée, et Jean Pottier, religieux sindic des religieux et couvent de la dite abaye, inthimé; lequel arrest nous a été apporté, étant sur la visitation dudit procès de la part desdits demandeurs sans toutte fois avoir été par eux produit.

« Et, d'autre part, ledit boisseau de Barre, duquel les parties acordent devoir estre moindre d'un tiers que ledit boisseau-truelle, reviendrait par ce moyen aux deux parts dudit minot de Paris.

« Et, selon cette réduction, il se trouve que le boisseau, réputté par les demandeurs pour boisseau de Barre, étant mesuré trois fois, il faict les deux minots de Paris qui vallent les deux truelles de Mayne, et ledit boisseau de Barre revient aux deux tiers du boisseau-truelle ou minot.

« Avons pareillement trouvé que le boisseau du Coudray, mesuré sept fois, fait les quatre minots qui vallent quatre truelles de Mayenne, et les neuf boisseaux de Poillé reviennent aux cinq minots qui sont les cinq truelles, suivant la réduction portée par un compte ancien rendu en l'an mil quatre cent soixante-sept et soixante-huit par le receveur de Fontaine-Daniel au révérent évesque du Mans, lors abbé de la ditte abbaye.

« Et, par ce moyen, l'on peut induire que le vray boisseau-truelle étant estalonné et proportionné à la raison du boisseau de Poillé ou du Coudray, il est trouvé de pareille grandeur et quantitté que le minot de Paris, selon qu'il est énoncé par ledit arrest, et aussy que le boisseau de Barre représenté par les demandeurs peut estre la juste et légitime mesure de Barre pour estre trouvé contenir les deux parts dudit minot qui vaut le boisseau-truelle, selon qu'il doit contenir par les anciens comptes du Duché de Mayenne.

« Davantage, il se trouve que le minot ou boisseau-truelle contient les trois boisseaux de Saint-Aubin, et le boisseau de Barre, représenté par les demandeurs, contient les deux de Saint-Aubin ; de sorte que l'énonciation, portée ès antiens comptes rendus par Bourdon et Martinois, receveurs dudit duché, que les deux boisseaux de Saint-Aubin font le boisseau de Mayenne, doit estre entendue du boisseau de Barre, selon le dire des demandeurs, et non pas du boisseau Ernette, ainsy que le deffendeur prétend.

« Davantage, que sy le boisseau-truelle est mesuré à deux fois c'est-à-dire que les deux demies sarches ou demis boisseaux, que l'on appelle demicaux, mezurés chascune fois pour plus grande commodité, ne font que le boisseau-truelle entier, lequel ne pourroit commodément estre mezuré à une foyz ; il sensuit que l'énonciation desdits comptes ne peut estre accommodée et faire cadrer le demeau audit boisseau-truelle, parce que tel demeau ne peut valoir que le demy minot, non plus que la truelle entière ne vaut que le minot entier qui contient les trois boisseaux de Saint-Aubin ; et conséquemment le demeau, lequel est le demy minot, contiendroit seulement un boisseau et demy de la ditte mezure de Saint-Aubin, et, par même réduction, le boisseau de Barre qui doit estre moindre du tiers que ledit demeau, au cas que le demeau fust receu pour le boisseau entier en payement de rente, il devroit contenir seulement le boisseau de Saint-Aubin, encore qu'il deust contenir le boisseau et demy, sy ainsy est que les deux boisseaux de Saint-Aubin fissent le boisseau-truelle entier, comme le deffendeur met en fait.

« Néantmoins, le boisseau truelle, estallonné sur le minot, est trouvé contenir les trois de Saint-Aubin ; et par conséquent celui de Barre doit contenir justement les deux de Saint-Aubin, de laquelle grandeur se trouve estre le boisseau représenté par les demandeurs pour boisseau de Barre ; et, par ainsy, la rédaction, portée par lesdits comptes, que le boisseau de Mayenne fait les deux de Saint-Aubin, est véritable pour le regard du boisseau de Barre et falace [1], en l'égard du boisseau-truelle, lequel, plus grand d'un tiers que le boisseau de Barre, doit faire les trois boisseaux de Saint-Aubin comme fait le minot; ce qui est conforme par l'extrait des comptes, livres censifs et de recettes des receveurs tant antiens que modernes dudit duché touchant la vente et aprestiation des grains de rentes d'icelle, apparoissant par lesdits extraits que le boisseau de froment, mesure de Barre, est ordinairement vendu environ d'une moitié davantage que le boisseau de Saint-Aubin.

« Et le boisseau de Gorron, qui se mesure deux fois et est de pareille grandeur et quantitté que le boisseau-truelle ou minot, est vendu ou estimé à la raison du tiers ou quart davantage que le boisseau de Barre, ce qui ne seroit pas sy le boisseau de Gorron étoit pris pour le demeau et mesuré seulement une foy, car il vaudroit seulement le demy minot et deveroit estre moins vendu que le boisseau de Barre qui vaut les deux tiers du minot.

« Plus, avons trouvé que le boisseau et sarche donnés, mesurés deux fois (c'est-à-dire les deux demeaux) font à peu près le minot de Paris, tellement que la rédaction portée par les comptes de Cotteblanche et Mesnager que le boisseau d'Ernée est pareil à celui de Mayenne, ne peut estre entendu du boisseau de Barre, parce que le boisseau d'Ernée se mesure à deux fois, comme le boisseau-truelle, et la proprietté des mots ne permet point que le demeau soit pris confusément pour le boisseau entier.

« Joint l'impossibilité duquel le demeau, revenant au demy minot, ne peut estre pareil au boisseau de Barre qui fait les deux parts du minot, mais beaucoup plus tôts

(1) Falace, faux.

il doit estre entendu du boisseau de Mayne (truelle) puisque tant l'un que l'autre mesurés à deux fois c'est-à-dire les deux demeaux sont trouvés de pareille quantité et emplissent le minot.

« Toulles lesquelles rédactions cy dessus sont aydées par une longue usance du passé, laquelle est un vray interprette du doutte qui pouroit estre en l'interprétation desdites rédactions.

« Et, partant, l'on peut inférer que le boisseau-truelle, auquel du jourd'huy l'on vend et achepte ès marchés du dit Duché de Mayenne, est adultéré et falcifiée en sa grandeur et quantitté et qu'il a été augmenté à raison d'une quarte partie plusqu'il ne devroit contenir, se trouvant que le demeau du dit boisseau-truelle est dujourd'huy égal au boisseau de Barre, encore qu'il deubs estre moindre d'une quarte partie, et que les deux demeaux font le minot et un quart d'iceluy, comme ils font semblablement les deux de Barre au lieu de faire le minot seulement et le boisseau et demy de Barre.

« Et, de l'abus et augmentation du dit boisseau-truelle, peut procéder l'erreur du deffendeur, en ce que le demeau paroissant autant grand que le boisseau de Barre, il a pensé que ledit demeau devoit estre pris pour le boisseau-truelle entier et qu'il falloit réduire le boisseau de Barre aux deux parts du demeau.

« Ce qui cessera si, corigeant le dit abus, l'on reforme le dit boisseau-truelle à la quantitté du minot de Paris, ainsy qu'il doit estre par son originaire capacitté.

« Dont et de quoy avons dressé le présent procès-verbal pour estre mis au procès et servir à l'esclersissement d'iceluy, ainsy que de raison.

« La présente coppie a été faite sur la minutte étant entre les mains de demoiselle Marie Regnard veuve de deffunt Mᵉ Pierre Fresneau, vivant greffier en la Sénéchaussée du Mans, ce fait, à elle rendue et remise en la

liasse du mois de décembre de la ditte année mil cinq
cent quatre vingt seize, et délivrée à maître Julien Des-
landes, commis à la recette du duché de Mayenne, ce
vingt-troisième jour d'octobre mil six cent cinquante-
quatre, par nous notaire royal, demeurant au Mans,
soussigné.

Signé : de Labbaye, avec paraphe sur la coppie en
papier.

Le dispositif de la sentence qui intervint ensuite
était ainsi concu :

« Nous disons que le procès se peut juger sans enqué-
rir des faits des dittes reproches et, y faisant droit,
qu'il a été mal opposé par ledict Bauldron et bien re-
quis de la part des demandeurs auxquels la provision
jugée par l'acte de contestation demeurera définitive,
leurs cautions déchargées, et condamnons ledit deffendeur et joincts de rendre, bailler et payer à l'advenir
auxdits demandeurs les rentes de bleds deubs par chascun d'eux, à la mesure de Barre, au boisseau de leur grenier et par eux représenté au procès, devant le séneschal
de ladite abbaye, comme estant le vray et le juste boisseau de Barre, pour contenir les deux parts du boisseau
de Mayenne, truelle semblable et pareille au minot de
Paris ; et sy condamnons le dit deffendeur et joints en
leur égard vers les demandeurs en une moitié des dépens du procès ; et outre avons ordonné d'office, pour le
bien public de la pollice généralle de cette province,
qu'à la diligence du procureur fiscal du duché de
Mayenne le boisseau-truelle auquel l'on vend et l'on
achepte du jourd'huy en marchés dudit duché sera
cassé devant le juge dudit duché, comme excessif et plus
grand qu'il ne doit estre, et sera réduit à la grandeur
dudit minot de Paris, selon lequel ledit juge fera dresser
un estallon pour estre gardé au trésor de la seigneurie,

affin d'y avoir recours par les subjets touttes fois et quantes que besoing sera, etc. »

Le rez était une sarche ou mesure propre à contenir vingt livres de froment. Le boisseau de quarante livres contenait donc deux rez ou demeaux.

D'ordinaire le boisseau se mesurait ras, c'est-à-dire mesure rase.

Le boisseau bouté était un boisseau comble.

La charge s'entendait primitivement du poids dont on chargeait communément un cheval.

Le chevaleret d'avoine comprenait ce qu'un cheval de guerre pouvait en dépenser par jour.

A Vaiges et aux environs, on se servait d'une petite mesure appelée « un judas ».

L'inexactitude dans les mesures se rencontrait partout.

A Laval, le boisseau pesait, avant 1520, vingt-huit livres de blé-seigle. Le poids en fut alors augmenté d'environ deux livres.

Le chevaleret d'avoine de Laval était un boisseau ras d'avoine, contenant les 3/4 du boisseau de Laval.

L'avoine livrée à Laval était mesurée « foulée et comblée ».

En 1539, un débiteur « de la Maison-Dieu et Aumônerie de Saint-Julien de Laval » refusa de payer les 4 septiers de blé-seigle qu'il devait à la mesure ancienne de Laval, parce qu'on voulait les exiger à la mesure nouvelle de cette seigneurie, « laquelle il disait être plus grande que la mesure ancienne et qu'elle avait été crue depuis vingt ans environ ». Une convention intervint entre l'Hôtel-Dieu et son censitaire, et il fut entendu que ce dernier « paierait à l'avenir deux boisseaux moins, à la mesure moderne dudit Laval, contenant 10 pots, 3 chopines, mesure à vin de Laval, et partant ne rendrait plus que 30 boisseaux de blé à la dite mesure moderne ». [1]

Le Parlement ordonna, par arrêt du 9 juin 1716, sur requête de Charles Bretagne de la Trémoille, « que les seigles, froments et méteils, qui se rendraient tant au marché que dans les greniers de la ville et fauxbourgs de Laval, seraient mesurés ras le bois et sans remuer ni branler le boisseau, à peine de 100^{tt} d'amende tant contre les vendeurs que contre les acheteurs ».

Le 21 juillet 1716, René Hardy, « juge ordinaire et de police, et maire perpétuel au comté pairie de Laval », procéda à un étalonnage des boisseaux du minage de cette ville et se servit d'un étalon portant la date de 1688. On lit dans son procès-verbal : « Ayant fait mesurer avec de la graine de lin ledit étalon par Christophe Croissant, juré mesureur, il s'est trouvé contenir 22 pintes et demie à l'étalon de pinte de cuivre, mesure de Paris, qui est la mesure de Laval... » Cette grandeur de 22 pintes et chopine de graine de lin servit également de base d'étalonnage aux officiers de justice de la seigneurie de Laval lors d'une vérification des mesures qui eut lieu le 14 septembre 1748. Il fut constaté à cette date que le boisseau de Laval de cette contenance pesait, « en blé ordinaire du cru d'Ahuillé 32 livres et en blé de Cormeray (sic) 33 livres ». Un des magistrats rédigea pour son usage la note suivante : « Il faut convenir qu'il y a lieu d'être surpris qu'on ait supposé que le véritable boisseau de Laval, étalonné avec celui de cuivre qui est au trésor, devait contenir 22 pintes et chopine de graine de lin, parce que, l'ayant fait mesurer cejourd'hui, il ne contient que 21 pintes de graine de lin et qu'il

____

(1) Accord devant Robert Le Bret, juge ordinaire de Laval, du 13 février 1539.

ne pèse de bon blé que 31 livres ; en sorte que le boisseau moderne contient 2 livres de plus. Cette erreur en différence a été faite, de concert et par politique avec les officiers royaux et de la maison de ville, pour éviter les murmures de la populace qui était mécontente de la réduction qui était trop considérable, le boisseau dont on se servait auparavant pesant 38 et 40 livres. Ainsi, sans avoir égard à l'étalon de cuivre, on ne peut se dispenser de suivre la mesure et la règle qui a servi lors du procès-verbal de 1716, c'est-à-dire établi pour principe que le boisseau de Laval, mesure ordinaire, doit contenir 22 pintes et chopine de graine de lin pour servir au marché public. D'ailleurs, supposant ainsi le boisseau devoir contenir 32 livres pesant de blé, cela facilite à régler ce que les meuniers doivent rendre de farine et à régler la différence qui se trouve entre le boisseau moderne et l'ancien qui ne pesait que 28 livres.

« Le 4 juillet 1749, continuait le même juge, nous avons encore comparé le boisseau ordinaire du minage avec l'étalon de cuivre qui est déposé au trésor : le boisseau du minage ou plutôt celui de M. Salmon, avocat fiscal, qui est toujours le plus juste, s'est trouvé contenir 22 pintes et chopine de graine de lin, de nouvelle graine bien nette, et l'étalon de cuivre 21 pintes en mesurant la graine de lin avec la pinte dans le boisseau, parce que si on laissait tomber la graine de lin d'un boisseau dans l'autre ou par la trémie, la seule chute procurerait une pinte davantage.

« Et, ayant mesuré les deux boisseaux avec du blé-seigle, celui de M. Salmon s'est trouvé peser 32 livres et l'étalon 30 livres seulement, ce qui fait 2 livres de différence.

« Au surplus, la quantité de livres dépend de la qualité du blé qui ne peut être uniforme, le blé pouvant être meilleur et plus peser une année que l'autre. S'il s'agissait de faire un nouvel estimage plus régulier, le mieux serait de prendre du blé du meilleur cru, par exemple de Bonchamp et de Cormeray, et, à ce moyen, l'étalon de cuivre en contiendrait 31 livres et celui de M. Salmon et du minage en contiendrait 33 livres.

« Si on mesurait la graine de lin et le blé avec une trémie, il s'en trouverait encore une plus grande quantité, et l'étalon de fonte déposé au trésor contiendrait 22 pintes mesurées à la trémie, à cause de la chute qui produit par le poids plus grande quantité.

« Il faut encore remarquer que si on voulait se mettre en règle et se conformer à l'arrêt du parlement du 9 juin 1716, on ne pourrait se dispenser de réduire et réformer les boisseaux du minage sur l'étalon de cuivre déposé au trésor, et alors le boisseau de blé ne peserait que 30 ou 31 livres, suivant la qualité du blé, mais il serait encore à craindre que le public ou plutôt le menu peuple n'en fût très mécontent et ne murmurât contre ceux qui seraient les auteurs de la réforme, qui pourraient se trouver exposés à la haine et à la fureur du peuple, et que le plus prudent et la politique exigent de grands ménagements en pareilles circonstances. »

Le juge Pichot de la Graverie écrivait en août 1750 :

« Le boisseau de cuivre et étalon déposé au trésor de Laval, étalonné en 1689 et pesant environ 30 livres de blé ordinaire, était la juste mesure de Laval après l'augmentation. Cependant, par abus et par erreur, on avait fait et marqué des boisseaux pour le minage et pour les habitants qui pesaient 32, 33 et 34 livres et même jusqu'à 38 livres, et celui de 32 livres avait même été autorisé par un étalonnage fait en 1716, en présence des principaux officiers de la ville, mais cela ayant donné lieu à plusieurs plaintes et murmures et à plusieurs procès, le sieur Telot, curé de Saint-Berthevin, soutint contre le sieur prieur de Saint-Martin, que la rente de 11 charges et demie de blé-seigle dont il était débiteur devait être mesurée à un boisseau pesant 30 livres et étalonné sur celui qui était de fonte, déposé au trésor de Laval ; et le procès ayant été porté au Grand-Conseil, auquel est attribué la connaissance des procès de l'Ordre de Cluny et des Bénédictins, il a été jugé par un arrêt de 1750 que la rente de 11 charges et demie serait à l'avenir mesurée à un boisseau qui serait étalonné et estimé sur le boisseau et étalon de cuivre déposé au trésor du château ; et que chacune des parties aurait son boisseau étalonné sur celui du château : en conséquence duquel arrêt, j'ai procédé à l'étalonnement desdits boisseaux qui ont ensuite été remis entre les mains des parties.

« Sur quoi, j'observerai qu'on ne peut être juste sur la pesanteur du grain mesuré dans lesdits boisseaux ; cela dépendant de la qualité et bonté du grain ; par exemple, j'ai éprouvé que le blé de Bonchamp et de Cormeray, mesuré dans l'étalon de fonte, pesait 31 livres ; le blé de Saint-Berthevin avec lequel se paie la rente en question s'est trouvé peser 30 livres et demie.

« D'autre blé d'un moindre cru ne s'est trouvé peser que 29 livres.

« Il y a encore de la différence d'une année à l'autre, si le grain est vieux ou nouveau, mais on peut fixer pour le blé ordinaire, qu'il doit peser 30 livres ».

II. — *Etat des poids et mesures en usage dans la ville de Mayenne*

« On fait usage à Mayenne de trois différentes aunes :
« De celle de Paris, pour les étoffes étrangères.
« De celle de Laval, pour les toiles, laquelle est de 52 « pouces.

« Et enfin de celle de Mayenne, pour les draps et autres
« étoffes fabriquées dans le pays ; elle est de 48 pouces.

« Pour les poids, ou s'y sert de la plumée ou romaine
« et de la balance ; la première est alivrée à 18 onces,
« qui est le poids de Coutume du pays. Ce qui se vend
« à la balance se vend au poids de 16 onces.

« Les grains se vendent, à Mayenne, à une mesure
« qui se nomme boisseau. Il y en a de différentes con-
« tenances ; la seule de police est le boisseau de halle.
« C'est une mesure idéale qui n'existe point réellement ;
« il est censé du poids de 100 livres en seigle de mé-
« diocre qualité, de 104 en froment également de
« médiocre qualité, à la livre de 18 onces.

« On fait usage du demeau qui est la moitié du bois-
« seau, dont le diamètre est de quinze pouces deux
« lignes, mesurés en dedans, et la hauteur de neuf
« pouces dix lignes.

« Le quarteron est la moitié du demeau.

« Pour les boissons, on fait usage du pot, dont la hau-
« teur est de six pouces sept lignes ; le diamètre infé-
« rieur, pris à l'extrémité, de quatre pouces huit lignes ;
« le diamètre supérieur, pris également à l'extrémité,
« de quatre pouces trois lignes. Ce pot se divise en dif-
« férentes mesures, savoir : la pinte en est la moitié,
« la chopine en est le quart ; le septier, le huitième, etc.

« Le présent état certifié véritable par nous, officiers
« municipaux de Mayenne, auquel avons joint, en le
« remettant à messieurs du District, un demeau, un pot
« et une pinte, le 17 mai 1791.

« *Signé* : J.-F. Dupont, maire ; Jamelin, procureur
« de la commune ; Cruchet, prêtre, officier munici-
« pal » [1].

---

(1) *V. Bibliothèque de Laval.* Fonds Maignan, n° 407, page 146.

III. — *Travail du Directoire du District d'Ernée, confor-mément à l'instruction envoyée aux 83 départements du royaume, en exécution de la proclamation du Roi du 20 août 1790, sur décret de l'Assemblée nationale du 8 mai précédent, concernant les poids et mesures de son arron-dissement.*

Ces poids et mesures, suivant l'instruction, sont de trois espèces :

1° Les étalons des poids.

2° Les mesures de longueur et de superficie.

3° Les mesures de capacité.

Il n'y a de différentes mesures que dans les munici-palités d'Ernée, de Gorron et de Landivy, cantons du District où il y a des foires et marchés considérables ; les autres cantons ayant tous des mesures semblables à celles des cantons sus-indiqués.

POIDS

ERNÉE

Il y a deux espèces de poids : le poids de 16 onces ou de Roi, auquel se vendent le pain, le fer, etc., et celui de 24 onces, auquel se vendent la viande, le beurre et toutes les autres denrées.

Il n'existe point d'étalon du poids de 24 onces. L'usage est son seul titre ; il s'alivre sur celui de 16 onces.

GORRON

Deux poids sont connus en cet endroit : le poids de 18 onces et celui de 16.

LANDIVY

Deux poids y sont en usage : le poids de 24 onces et celui de 16.

MESURES LINÉAIRES

ERNÉE

Les mesures linéaires sont :

1º le pied de Roi.

2ª la toise, de 6 pieds de Roi.

3º la perche, de 24 pieds.

4º L'aune de Paris, contenant 44 pouces, à laquelle se vendent les étoffes de soie, de laine, etc.

5º L'aune de Laval, contenant 54 pouces (sic), à laquelle se vend la toile fine, etc.

6º L'aune du duché de Mayenne, contenant 50 pouces 6 lignes, à laquelle se vend la grosse toile, etc.

GORRON

La toise, la perche et le pied sont les mêmes qu'à Ernée.

Il y a trois espèces d'aunes :

L'aune, dite de Laval, contenant 52 pouces de Roi.

L'aune de Gorron, contenant 48 pouces.

Une aune de 44 pouces.

LANDIVY

La toise, la perche, le pied, de même qu'à Ernée.

Il y a deux espèces d'aunes :

L'une, de 4 pieds de Roi, pour la toile.

L'autre, de 3 pieds 8 pouces, pour toutes les autres marchandises.

MESURES DE SUPERFICIE

ERNÉE

Le journal contient 80 perches.

La perche ou la corde a 24 pieds de Roi, en carré.

Ces mesures sont semblables à Landivy et à Gorron.

MESURES DE CAPACITÉ POUR LES MATIÈRES SÈCHES

ERNÉE

Le boisseau, pesant en froment 48 livres poids de 24 onces, a été réglé par arrêt du ci-devant Parlement de Paris, rendu entre le seigneur de Daviet et ses vassaux et sujets, en 1719.

Le demeau fait la moitié du boisseau pour le froment et le blé-seigle, et le tiers pour le sarrazin, l'avoine et les fruits.

La mesure fait le quart du demeau.

Toutes les espèces de grains se mesurent ras. Le bois et les fruits se mesurent comble.

GORRON

Le demeau pèse 60 livres en froment, poids de 18 onces, mesuré ras.

Le boisseau est composé de deux demeaux pour tous les grains et les fruits.

Les fruits se mesurent comble.

La charge de cheval est composée de cinq demeaux de blé-seigle, froment et sarrazin, et de six demeaux en avoine.

LANDIVY

La mesure est la même que celle d'Ernée.

La charge de cheval est composée de 4 boisseaux en froment et seigle, de 3 boisseaux en sarrazin, de 4 en grosse avoine et de 6 en menue.

MESURES A LIQUIDE

Les mesures suivantes sont les mêmes dans tout le district.

La velte contient 4 pots, mesure de Roi.

Le pot contient un pot et 1/8 en sus, mesure de Roi.

La pinte ou bouteille fait la moitié du pot.

La chopine, la moitié de la pinte.

Le septier, la moitié de la chopine.
Le petit pot, la moitié du septier.
Le demi, la moitié du petit pot [1].
Les futailles, sont :
La barrique, contenant 126 pots, mesure de Roi.
La pipe, composée de deux barriques.
Le tonneau contenant de 3 à 800 pots.

MESURES POUR LE BOIS

Les mesures suivantes sont les mêmes dans tout le district.

La corde de bois de chauffage est de 8 pieds de long sur 4 de hauteur et 2 1/2 de largeur.

Pour le bois de charpente, on se sert du pied de Roi.

MESURES POUR LE CHARBON, DANS TOUT LE DISTRICT

La fourniture est de 21 pipes.

La pipe ou le sac contient deux barriques de la grandeur ci-devant expliquée.

MESURES DE LA PIERRE, DANS TOUT LE DISTRICT

La toise cube contient 6 pieds de Roi, en tous sens.
La charretée fait ordinairement le sixième de la toise.

MESURES POUR LA CHAUX, DANS LE DISTRICT

La pipe contient deux barriques comme ci-dessus.
La somme de cheval fait la moitié de la pipe.

Nota. — Il existe dans le district une autre mesure, celle du Pontmain, paroisse de Saint-Ellier, pour la grandeur de laquelle il y a eu constatation au ci-devant Parlement de Paris, entre le sieur de Valory, ci-devant seigneur de la Pihorais et les censitaires des fiefs qui en dépendent. Un arrêt de ladite Cour a réglé cette mesure

---

(1) On nommait aussi le demi « une demoiselle ».

à 40 livres, poids de 18 onces. Les censitaires se sont pourvus en cassation à la Haute Cour nationale, prétendant qu'elle ne doit être que de 22 livres audit poids de 18 onces. Cette contestation n'est point jugée.

On ne vend aucun grain à cette mesure.

Fait et arrêté, au Directoire du District d'Ernée, sur les pièces ci-attachées et autres renseignements pris à cet effet par nous, administrateurs soussignés, ce vingt-sept février dix-sept cent quatre-vingt-onze.

Signé: Le Métayer; D. P. J. Dodard; J. F. Dodard; Lemoine; Jeudry, procureur syndic; Clouard, secrétaire [1].

IV. — *Brûlement des boisseaux de Mayenne*

Pendant la Révolution les étalons ou mesures de Mayenne furent brûlés.

Le 28 brumaire an II (18 octobre 1893), la municipalité de Mayenne écrivait, après le passage de l'Armée vendéenne dans notre ville, la lettre suivante :

« *A la citoyenne Desloges*

« Il y a eu, au dernier marché, des contestations sur les boisseaux qui servent à mesurer le grain ; les registres qui en contenoient les dimensions ont été brûlés par les brigands (les Vendéens). Les recherches que nous avons faites nous ont appris qu'il n'existoit en cette commune qu'un demeau qui eût été étalonné avec toutes les précautions nécessaires et qu'il vous a été remis par le Comité des subsistances.

« Nous vous prions de le faire revenir avant le marché de lundi prochain ; on vous en rendra un autre qu'on fera étalonner aussitôt, et nous garderons celui que nous réclamons pour faire mettre tous les autres dans les mêmes dimensions. Votre zèle pour la tranquillité publique et pour la justice, qui doit être maintenue entre

---

(1) *V. Bibliothèque de Laval :* Fonds Maignan, n° 407, p. 148 et 3

le vendeur et l'acheteur, nous répond que vous nous remettrez ce demeau après-demain au plus tard.

« Salut et fraternité ».

V. — *Mesures de Lassay, d'Ambrières et de Villaines*

Ajoutons quelques notes sur les poids et mesures d'Ambrières, de Lassay et de Villaines.

AMBRIÈRES

« Il existait à Ambrières trois espèces d'aunes : l'aune de roi, dont les marchands d'étoffes, draperies et cotonnades, se servaient, qui était de 44 pouces ; l'aune des tisserands dont usaient les fabricants de toiles de ménage et qui était de 49 pouces ; l'aune de Laval, employée par les marchands de toiles.

« Le boisseau pesait, pour le seigle 120 à 122 livres ; le sarrazin 112 à 116 ; l'avoine d'hiver 92 à 95 ; l'avoine d'été 84.

« Le pot, qui servait à mesurer le cidre et le poiré, était d'un huitième plus grand que celui de Roi.

« Les poids en usage étaient de 16 onces pour les marchandises.

« Les plombées (romaines) pour peser et acheter le fil étaient de 16 onces.

LASSAY

« Le boisseau contenait 120 livres pesant de blé-seigle, poids de 14 onces.

« Il y avait différentes aunes : l'aune du roi de 44 pouces, de 12 lignes chacun ; l'aune de tisserand de 51 pouce, de 8 lignes chacun, et les aunes de Laval et de Domfront.

VILLAINES

« Le demeau était la seule mesure en usage pour les blés ; il pesait 40 livres.

« Il y avait, pour le sarrazin et l'avoine, une mesure, nommée razière, qui pesait de 50 à 55 livres ».

TABLE ALPHABÉTIQUE

NOMS PROPRES CONTENUS DANS L'OUVRAGE

thevin-la-Tannière, 53.
Buron (terre et seigneurie du), 53, 115.
Buschau (moulin de), 6.
Busleu (terre et seigneurie de), 26.
Butavant (Le Parc-), 88.
Buttes (maison de Dessus-les-), 10.
Buttes (Les), 68, 71.

C

C... (Thébault de), 116.
Cailletière (La), paroisse du Bourgneuf-la-Forêt, 46.
Cailtière (seigneurie et féage de la), 46.
Caléas ou Valéas (fief), 102.
Calvaire (bénédictines du), 74.
Capucins (couvent des pères), 79.
Capucins (les), 71.
Caradeuc (Bertrand de), 115, 123.
Caradeuc (Joachim de), 115, 123.
Carelles, 29, 129, 130, 132.
Carelles (terre de), 43.
Carouge, 13.
Carré (Marthe), 71.
Carré (Mathurin), 71.
Carrefour (le Grand-), 78.
Carthes (seigneurie des), 80.
Caumartin (Louis-François Le Febvre de), 22.
Cauvin, 130, 131.
Cazet (André), 122.
Cazet (René), sieur d'Aligné, 95.
Cazet (René), sieur de la Grange, 78, 89, 92, 93, 94, 95.

Ceaucé, 130, 139.
Cellé, 138.
Censive (La), en Saint-Denis-de-Gastines, 41, 114, 115.
Censive (seigneurie de la), 122.
Censive (terre de la), 41.
Censives (fief des), 108.
Cérans, 135.
Cesmondière (lieu de la), 60.
Ceton, 139.
Ch.... (Jean de), 119.
Ch..... (Raoulet), 119.
Chabossaie (La), paroisse de la Bazoge-Montpinçon, 35, 115.
Chabossaye ou de la Haye-Trossard (seigneurie de la), 35.
Chahaignes, 135.
Chailland, 7, 8, 9, 61, 63, 100, 113, 130, 132.
Chailland (curé de), 122.
Chailland (forges de), 7. 9.
Chailland (grande baillée fayée de) 115.
Chailland (haute, moyenne et basse justice sur partie de), 115.
Chaire-du-Diable (La), 84.
Chaire ou Chèze (seigneur de la) 121.
Chaise (La), en Désertines, 115.
Challes, 135.
Châlons, 132.
Chalouzières (le sieur des), 33.
Chambellay (fief, paroisse de), 116.
Chammes, 132.
Champ-au-Briand (le), 106.
Champ-Blanc (le), 107.
Champ-de-la-Hoguinière (le) 106.

D

G

Q

R

T

Y

TABLE ANALYTIQUE

OUVRAGES DE L'AUTEUR

LA TRIBALLE, étude philologique et humoristique sur la foire de la Madeleine de Mayenne, par Grosse-Duperon. (Extrait du Bulletin historique et archéologique de la Mayenne, 1889). — Laval, Léon Moreau, In-8 de 16 pages.

LE CARTULAIRE DE L'ABBAYE DE FONTAINE-DANIEL, texte latin et traduction, par A. Grosse-Duperon, et E. Gouvrion. — Mayenne, Poirier-Bealu, 1896, grand in-8, 430 pages.

L'ABBAYE DE FONTAINE-DANIEL, étude historique, par les mêmes auteurs. (Ouvrage orné de quatre dessins). — Mayenne, Poirier-Bealu, 1896, grand in-8, 460 pages.

MAYENNE, album de 12 photogravures de la Ville de Mayenne, avec notes, par A. Grosse-Duperon. — Mayenne, Poirier-Bealu, 1899.

SOUVENIRS DU VIEUX-MAYENNE (Les sieurs de Beauchesne et les Calvairiennes de Mayenne), par A. Grosse-Duperon. — (Ouvrage orné de cinq dessins et de deux planches d'autographes). — Mayenne, Poirier-Bealu, 1900, grand in-8, 470 pages.

LA BASILIQUE DE NOTRE-DAME DE MAYENNE, par A. Grosse-Duperon. — Mayenne, Poirier-Bealu, 1900. Plaquette de 33 pages illustrée des armoiries et du sceau de la Basilique.

LE PRÉAU (aujourd'hui jardin public) DU CHATEAU DE MAYENNE, par A. Grosse-Duperon. Ouvrage illustré de deux photogravures et d'un plan de l'ancien Château. — Mayenne, Poirier-Bealu, 1901, grand in-8, 135 pages.

UNE EXCURSION A LA CHAPELLE DE LA VALLÉE, près de Mayenne, par A. Grosse-Duperon. — Mayenne, Poirier-Bealu, 1901. Plaquette de 40 pages, illustrée de deux planches hors texte en phototypie.

DEUX EXCURSIONS AU PAYS DE SAULGES (Souvenirs d'un touriste) par A. Grosse-Duperon. Ouvrage illustré de 5 gravures hors texte en phototypie et d'un plan en deux couleurs. — Mayenne, Poirier-Bealu, 1901.

L'ANCIEN HOTEL-DIEU DE MAYENNE (dit du Saint-Esprit), par A. Grosse-Duperon. Ouvrage illustré de deux photogravures et d'un plan. Mayenne, Poirier Frères, 1902, grand in-8, 180 pages.

NOMS DES CHEFS DE MAISON DES PAROISSES DE
MAYENNE A LA VEILLE DE LA RÉVOLUTION (1787-
1788). Ouvrage accompagné d'un plan de la ville, levé en
1811-1812. — Mayenne, Poirier Frères, 1903, grand in-8,
43 pages.

LES USAGERS DE LA FORÊT DE MAYENNE. Documents
divers, publiés par A. Grosse-Duperon. Mayenne, Bouly,
1903, grand in-8, 150 pages.

LE COUVENT DES CAPUCINS DE MAYENNE. Etude historique, illustrée de deux gravures hors texte, par A.
Grosse-Duperon. Mayenne, Poirier Frères. 1903, grand
in-8, 199 pages.

LES CHAPELLENIES DE MAYENNE, par A. Grosse-Duperon. Ouvrage orné de deux gravures. — Mayenne,
Poirier Frères, 1904, grand in-8, 160 pages.

LE CHATEAU D'ARON ET SES GROSSES FORGES, par
A. Grosse-Duperon. Plaquette de 83 pages illustrée de deux
planches hors texte. Mayenne, Poirier Frères, 1904.

9 782019 938284